et, vous,
vous en mettez où ?

ISBN Seuil : 2-02-056184-0

www.seuil.com
www.herve-tullet.com

MARIE-ODILE BRIET

HERVÉ TULLET

et vous, vous en mettez où ?

NOUVEAUX INGRÉDIENTS MODE D'EMPLOI

SEUIL

Sommaire

mise en bouche

Ce n'est plus un engouement, c'est une frénésie. L'époque a le nez dans les casseroles. Elle s'est toquée de cuisine, le dernier loisir créatif qui fait recette. Jadis, le Père Noël nous apportait des portefeuilles et des colifichets. Désormais, chaque 24 décembre, il nous livre de nouvelles pièces pour notre dînette géante ou notre petite boutique d'épicerie fine : un blender, un plat à tajine, un vin de dessert pointu, voire, pour les plus chanceux, un vrai jambon de porc noir ibérique nourri aux glands, et le serre-jambon coordonné. Le reste de l'année, l'épidémie de gastronomite – rien à voir avec la version abrégée qui sévit aussi en janvier – se répand à la vitesse grand V, par des canaux parfois inédits. On se presse à l'heure du déjeuner aux cours de cuisine pour adultes, comme on se ruait jadis au cours d'abdo-fessiers. Vous préférez flâner dans les grands magasins ? Une fois sur deux, vous tomberez sur un « atelier dégustation », une « performance culinaire » ou un « parcours gustatif sensoriel » (sic)... Sans oublier, bien sûr, la démentielle production éditoriale (24 000 livres de cuisine publiés dans le monde chaque année, l'équivalent d'un immeuble de 20 étages !), les émissions des chaînes spécialisées du câble ou la télé-réalité culinaire sur M6 !

La cuisine est à la mode ? La cuisine a ses modes, aussi, qui se suivent et se superposent. En une décennie, on a adoré le Japon, encensé l'Italie, découvert les chefs espagnols, mis de la sauce soja partout, fréquenté des restaurants « fusion », et, bien sûr, appris à manier un wok ou à plier des bricks... Ces tendances culinaires successives nous ont sortis des sentiers balisés de la cuisine franco-française et ont aiguisé notre appétit d'exotisme. C'est plutôt sympathique, mais pas forcément facile à digérer ! Conséquence de la mondialisation appliquée à la popote ? Nos frigos et nos garde-manger sont remplis de nouveaux venus. On y trouve de la coriandre, de l'huile de sésame, du citron confit, du gingembre, du pesto, de la mozzarella, du vinaigre balsamique. Invités à la carte des restaurants branchés, starifiés par les rubriques cuisine des magazines, ils se sont mis, peu à peu, à squatter aussi nos chariots de courses. De là à maîtriser leur usage... Soyons francs, à part deux ou trois ritournelles (les tomates mozza, le tiramisu...), on a bien du mal à les acclimater dans notre pratique quotidienne, une fois réalisée la recette qui nous a fait les acheter. Balancer subrepticement un rhizome de

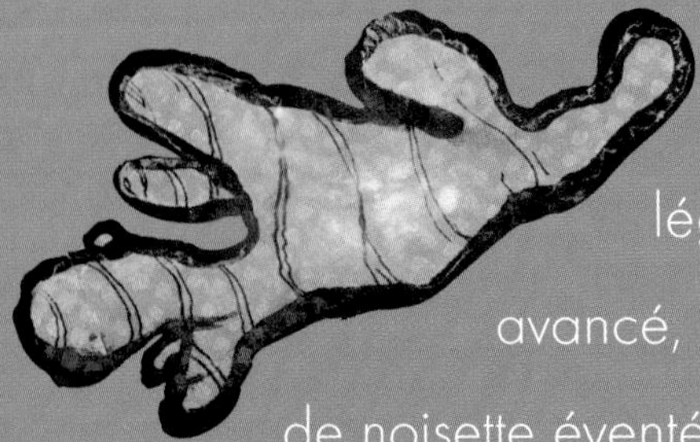

gingembre retrouvé dans le bac à légumes en état de pourrissement avancé, ou une précieuse petite fiole d'huile de noisette éventée, ça ne vous est jamais arrivé ? À l'origine de ce livre, il y a donc, outre un louable souci antigaspi, une envie très personnelle d'apprivoiser enfin tous ces gimmicks de la cuisine d'aujourd'hui. Le flacon d'huile d'argan, le bocal de tapenade, le bouquet de menthe fraîche, la briquette de lait de coco ? On les a tous achetés au moins une fois dans notre parcours de « fashion victim » de la bouffe. Il était temps d'en établir le mode d'emploi optimal, ludique et décomplexé de préférence. Alors on a testé, retesté, picoré des bouquins de recettes (comme vous, on en a beaucoup trop), grapillé des idées dans les cantines en vogue et les journaux à la page (et un peu inventé, aussi, quand même !). On a tanné nos amis et connaissances plus doués, avec la fameuse question « Et vous, vous en mettez où ? » qui a fini par donner son titre à cet ouvrage. Le point de départ ? Compiler des tonnes de pistes pour interpréter au mieux les *greatest hits* culinaires de ces dernières années. Le but du jeu ? Savoir enfin s'en servir pour sublimer l'ordinaire, en intégrant de nouveaux automatismes, et non pas, comme toujours, en suivant laborieusement des recettes. Voilà donc, on l'espère, un ouvrage pour tous les jours, et surtout ceux où on n'a pas le temps d'ouvrir un « vrai » livre de cuisine ; un livre à refermer, idéalement, tout de suite AVANT usage, parce qu'on y aura glané l'idée simple qui va sauver de la banalité notre frichti du jour ; un livre, enfin, à enrichir de vos trouvailles personnelles, exhausteur de créativité qui vous inspirera, sans doute, vos propres variations pour régaler vos proches et continuer la chaîne. C'est, du moins, le joli destin qu'on lui souhaite.

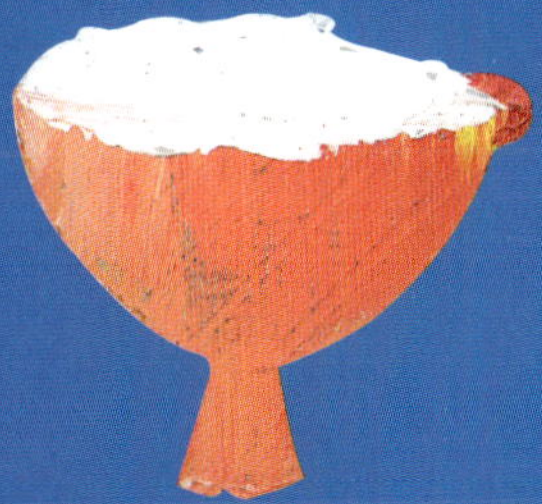

Le pesto
P

Et vous, vous en mettez où, du pesto ? « Partout, sauf sur des pâtes » semble être, aujourd'hui, la seule réponse adéquate quand on est un cuisinier soucieux de l'air du temps, abonné aux meilleures revues, lecteur des livres de chefs en vogue, habitué des épiceries italiennes fleurissant à chaque coin de rue piétonne. Et si c'est votre cas, votre pesto, bien entendu 1) ne sort pas du bocal, 2) est tout sauf une bête pommade à base d'huile d'olive + ail + parmesan + basilic. Vous suivez ? Pour ceux qui ont loupé le début, on tente un rapide résumé du dossier qui, ces deux dernières années, s'est singulièrement étoffé. D'abord, une petite précision lexicale : le sujet qui nous occupe ici, c'est le

pesto, mélange décrit plus haut, originaire de la région de Gênes, et préparé là-bas avec du basilic à toutes petites feuilles, plus parfumé que notre basilic courant. Tandis que le ***pistou***, en provençal dans le texte, désigne soit le mélange huile d'olive/basilic qu'on verse dans la soupe du même nom, soit... le basilic tout court. Ça n'a l'air de rien, mais ça évite de se faire reprendre d'un air offusqué, un jour par tous ceux qui ont des attaches en Provence, et le lendemain, par tous ceux qui comptent des Italiens dans leur lignée. Hélas, ce n'est plus suffisant pour avoir l'air au courant. Depuis peu, en effet, voici que débarque dans nos assiettes et sur nos tartines (prononcer : *bruschette*), la farandole des pestos alternatifs : le très tendance pesto de roquette bien sûr, le supersnob pesto de basilic violet, et aussi celui de pissenlit, ou même de céleri. Pourquoi pas ? Mais maîtriser la recette classique (son goût de basilic explosif, ses pignons qui croquent sous la dent, mmm...) c'est déjà pas mal. Et pas sorcier de surcroît : le pesto maison, c'est vraiment difficile à rater. Les perfectionnistes le triturent au pilon, censé libérer les arômes autrement mieux que la lame du robot. Les perfectionnistes paresseux, eux, mettent la lame du robot une heure au congélateur, pour éviter qu'elle chauffe le basilic en le tranchant. À vous de voir. Mais comme toujours, pas de zèle non plus : pour certaines utilisations « minute » suggérées ci-dessous, un pesto de chez le marchand fait parfaitement l'affaire. Allez, testez-le donc :

Sur des légumes d'été grillés : des **poivrons cuits au four**, puis pelés et épépinés après toute la cérémonie d'emballage/refroidissement dans le sac plastique de la supérette... ; des **aubergines** et des **courgettes**, en lamelles ou en rondelles, à faire dorer-croustiller au gril ou à la poêle, selon la technique que vous maîtrisez le mieux. Si vous n'en maîtrisez aucune, les **aubergines grillées** de chez Picard surgelés sont un substitut très correct : une fois décongelées, on les passe quelques minutes au gril du four, tartinées de pesto.

Sur une salade de haricots verts tièdes, agrémentée de quelques tomates cerises coupées en deux. Diluer le pesto à l'huile d'olive, ajouter du vinaigre de Xérès ou du jus de citron. Génial aussi dans une **salade de pommes de terre** (avec des restes de thon grillé au barbeuk, coupés en dés) ou une **salade de pâtes** bien évidemment (agrémentée, elle aussi, de cubes de thon frais grillé). Et tout bonnement sublime sur des bonnes petites tomates, oubliées 3 heures à four très doux la veille, refroidies, puis versées dans un saladier : **« salade de tomates cuites au pesto »** , ça s'appelle...

Sur le bifteck en train de cuire : juste après l'avoir retourné dans la poêle, ou sur le gril en fonte, on badigeonne la tranche de rumsteck. Ça marche aussi, bien sûr, avec

Le pesto

des **petites côtes d'agneau**, ou une **épaule d'agneau rôtie** au four. Rayon viande, n'oubliez pas le **carpaccio** : découpé minute par un excellent boucher, légèrement badigeonné d'un très bon pesto (pour l'occasion, sortez votre tout nouveau pinceau à pâtisserie en silicone). Saupoudrez de quelques pignons grillés, c'est le moment et dégainez votre roquette bio. Ça y est, vous avez tout bon.

Sur le poulet rôti, enfin plutôt, pas encore rôti : avant de le glisser au four, on le masse au pesto. Ou alors, on glisse dans le plat de cuisson plein de **petites pommes de terre en rondelles** recouvertes de pesto. L'un n'empêchant pas l'autre, d'ailleurs...

Avec le classique lapin au vin blanc cuit au four ou à la cocotte, c'est royal. On l'ajoute à la fin, après avoir fait réduire le jus (si on cuisine à la cocotte). Ou dès le début, si on n'enfourne qu'un râble ou deux, pour une simple dînette.

Sur la pizza maison : coulis de tomate, mozzarella, pesto, point final. Mieux encore : si on a confectionné soi-même une super pâte à pain, on fait l'impasse sur le coulis. Pour découvrir ce que les Italiens appellent la pizza blanche, c'est-à-dire la version sans tomate. Jamais goûté cette merveille ? Si vous voulez avoir la révélation, les pizzas blanches à la roquette ou à la trévise de la trattoria Amici Mei, à Paris, valent carrément le déplacement.

Dans le même registre, l'employer comme **fond de tarte :** une bonne couche de pesto sur une pâte feuilletée du commerce étalée directement sur la plaque du four, façon tarte fine. Puis, par-dessus, juste des minces rondelles de tomates, du poivre, du sel et basta, au four ! Enfin non, pas tout de suite au four... Vous connaissez le secret de la tarte fine qui croustille ? Entre le garnissage et l'enfournage, mettre la plaque au congélo une petite demi-heure. Glisser au four préchauffé en faisant confiance au choc thermique pour nous saisir tout ça. S'en souvenir pour la tarte aux pommes, bien entendu.

Sur des crêpes épaisses, des **galettes de pommes de terre** ou des **galettes de céréales**, pour un dîner néovégétarien très réussi. Faute de galettes maison, essayez votre pesto sur les galettes de pommes de terre « Royal-Délices », vendues chez Monoprix. On peut aussi en glisser dans la purée, pour de jolies arabesques vertes.

Dans votre recette de **cake salé** préférée : virez donc les olives, le jambon et le gruyère, vos amis n'osent pas

vous le dire, mais tout le monde en a ras le bol. Et sur la même base (en réduisant la proportion d'huile, bien sûr, le pesto en étant copieusement pourvu), remplacez-les par du pesto et des miettes de feta (qui salent aussi beaucoup, attention).

Dans les soupes de légumes (poireaux, brocolis, soupes froides à base de concombre, etc.). Elles sont tout de suite plus glamour, agrémentées à la dernière minute d'un mélange crème fraîche/pesto, ou mascarpone/pesto, façonné en quenelle. Et si vous trouvez le **minestrone** de la fameuse marque de soupes fraîches anglaises Covent Garden (en grandes surfaces), bien sûr, le pesto s'impose.

En badigeon pour le poisson, avant son séjour express sur le gril. On allonge le pesto (le basique, celui du bocal) avec un filet d'huile d'olive, on l'acidule d'un peu de citron vert, on le réveille d'une pointe de Tabasco, et c'est parfait, par exemple, sur une belle tranche de thon. Attention : choisir un pesto pas trop chargé en parmesan, sinon, le résultat est quelque peu... étrange.

À la place du « beurre d'escargot », sur les **coquillages (moules, coques, palourdes...)** gratinés au four. Faites de cette suggestion ce que vous voudrez :

même si c'est moins « régime méditerranéen », le classique beurre aillé et persillé, c'est pas mal non plus, on est d'accord.

En casse-dalle très tendance : du pain de campagne grillé frotté d'ail et huilé de pesto, quelques dés de tomates, et par-dessus ça, des rondelles de chèvre frais ou de mozzarella. Des tranches de baguette, recouvertes de rondelles de chèvre frais, badigeonnées de pistou, qu'on glisse à four chaud 3 ou 4 minutes. Ou des sandwiches ricotta/pesto ou mascarpone/pesto, avec tomates et feuilles de roquette. Ou tout ce que vous voudrez dans ce goût-là.

En dip ou pâte à tartiner pour l'apéro, histoire d'en finir. On prend une belle mozzarella de bufflonne, on la met dans le bol du robot avec un peu de son petit-lait (ne pas jeter le reste, pour pouvoir moduler la consistance du dip) et 2 ou 3 c. à s. de pesto. Bzz, on pulse, on ajoute une lichette d'excellente huile d'olive. Et on trempe dans le dip ainsi obtenu des gressins top niveau (ceux avec le pépé italien photographié en noir et blanc sur l'emballage, si vous trouvez) ou des bâtonnets de carottes, céleris, concombre, etc. On peut remplacer la mozzarella par de la ricotta.

Dip : de l'anglais *to dip*, « tremper ». Préparation onctueuse, servie à l'apéro dans un bol communautaire, où l'on plonge des gressins, des bâtonnets de légumes, des chips de maïs... Exemples : le guacamole ou le hoummous. Par extension, dans cet ouvrage, désigne aussi une pâte à tartiner salée.

Une recette de base

Vous en avez déjà plein ? Normal, le pesto n'est pas une science exacte.

Mettre dans le bol du robot les feuilles d'une botte de basilic, 3 gousses d'ail déjà hachées de préférence, 5 c. à s. de parmesan fraîchement râpé, une poignée de pignons grillés, un filet d'huile d'olive, une pincée de fleur de sel. Commencer à pulser puis ajouter par la goulotte du robot un verre d'huile d'olive. C'est tout, c'est prêt, c'est suffisant pour un plat de 500 g de pâtes , ça peut se garder un mois au frigo mais vu tout ce qui précède... vous ne tiendrez pas jusque-là.

Des variantes classiques

– ajouter un anchois déjà réduit en purée dans la mixture ;

– remplacer le parmesan par du ***pecorino*** ou de la tomme de brebis bien sèche ;

– remplacer les pignons par des pistaches.

Des variantes à la mode

Sur la base ci-dessus, à vous d'ajuster les proportions selon votre goût et l'usage prévu (dip à tartiner, sauce pour les pâtes... qu'on peut toujours, au besoin, diluer avec un peu d'eau de cuisson).

– choisir chez votre primeur à la page du **basilic thaï**, plus mordant, légèrement anisé ;

– remplacer le basilic par un mélange feuilles de céleri/feuilles de persil, et les pignons par des noix ;

– remplacer le basilic par des feuilles de pissenlit (100 g) et les pignons par des amandes grillées, ou de la poudre d'amandes (sa texture se marie bien avec le parmesan râpé) ;

– remplacer le basilic par de la **roquette**. Dans ce cas, rester plutôt sur l'option pignons ;

– éliminer le parmesan, remplacer les pignons par des cacahuètes, et le basilic par un mélange 50/50 de persil et coriandre. Ce n'est plus vraiment un pesto, mais sur du thon grillé, arrosé de citron vert, c'est un délice.

Pigé le principe ? Alors, lancez-vous à votre tour. Toutes ces variantes peuvent se combiner, bien sûr. À quand un grand concours de pesto ?

Le gingembre

Offert par la maison, confit au sucre, au sortir du « petit chinois » du midi ; mariné au vinaigre, avec les sashimis du « japonais du coin » ; râpé, dans les plats *world* du restau branché ou dans les recettes de wok qui pullulent dans les magazines : on n'échappe plus au torride gingembre, qui est aussi caché, à plus ou moins haute dose, dans la plupart des tajines et des curries. L'ingrédient symbole de la mondialisation de nos pratiques alimentaires, c'est lui. Il a ses allergiques, exactement comme son cousin l'ail. Et ses fanatiques aussi, qui adorent retrouver sa saveur fraîche et piquante dans tous les plats. Si, comme nous, vous réclamez systématiquement du rab de *gari* au serveur du restaurant japonais, pour le croquer au dessert, à la place du gâteau aux haricots rouges ; si, comme nous, vous traquez les produits dérivés dans les rayons du supermarché, à la recherche obsessionnelle d'une bonne marque de *ginger biscuits* ou de *ginger ale* (soda au gingembre et au citron) ; si, à l'anglo-saxonne ou à la scandinave, vous glissez du gingembre en poudre dans les madeleines ou les financiers maison quand vous sortez vos petits moules en silicone le week-end, vous êtes accro, c'est certain. Et logiquement, vous avez un rhizome de gingembre frais (eh oui, c'est comme ça que ces tubercules aux formes alambiquées s'appellent) dans le bac à légumes du frigo. Rien de plus facile à dénicher : aujourd'hui, même le primeur de base sait ce que c'est. Le rhizome en question ? On ne va peut-être pas le laisser prendre racine en attendant le prochain « vrai dîner » (avec invités, vaisselle chic, etc.). Besoin d'un petit *shoot* de gingembre frais, mais pas le courage de cuisiner vraiment ? Ça tombe bien, rayon salé, sucré ou liquide, le gingembre sait faire plein de trucs, en toute simplicité, et à vitesse grand V. Vos prochaines recettes cultes sont ci-après, on est prêts à le parier.

Côté salé

Ces temps derniers, on croise souvent le gingembre dans les préparations de poisson à la mode : les tartares, les carpaccios de lotte, de dorade... Mais attention, sur ces saveurs délicates de poisson cru ou de coquillages, il n'est pas d'un maniement si facile. Cela dit, on ne risque pas grand-chose, sinon une excellente surprise, à glisser une pointe de gingembre haché dans la recette de **tartare** ou de **rillettes de saumon** qu'on adore. Normalement, ça devrait lui refiler la pêche !

Pour tout vous dire, au rayon produits de la mer, le piquant gingembre s'entend bien avec ceux qui ont déjà du répondant. Les **gambas**, par exemple, poêlées à l'huile d'olive, avec de l'ail, du piment et du gingembre coupés en tout petits dés. Au dernier moment, de la coriandre, si on en a sous la main. Et du jus de citron vert. Autre possibilité : faire réduire dans l'huile d'olive des tomates pelées coupées, avec des oignons doux, des tomates séchées et de fines tranches de gingembre. Quand l'ensemble a bien « compoté », ajouter **les gambas** (ou de grosses crevettes). Et même si ça fait « cuisine vintage 70s », flamber le tout au cognac. Yo ! Il est bienvenu aussi, en dés, revenu avec une **poêlée de petits calmars à l'huile d'olive**. Remuer, ajouter du jus de citron vert et, si on veut, du sésame grillé. La classe intégrale.

Pour les **poissons crus**, en lamelles ou en petits dés : remplacer avantageusement le kit des restaurants japonais, gari/wasabi (la moutarde verte), par un mélange à base d'ail et de gingembre passés au presse-ail, de jus de citron vert, de sauce soja et de ciboulette ciselée.

Gari : petites lamelles de gingembre rosé, mariné au vinaigre doux, qu'on mange notamment avec les sushis.

Avec certains **poissons grillés**, qui adorent les sauces exotiques (les brochettes de lotte, les pavés de thon ou d'espadon, à la chair bien compacte), essayer cette délicieuse mixture minute, apparentée aux rougails : mixer au robot, en ajoutant au besoin un peu d'eau, 1/2 mangue + 1 c. à s. de gingembre frais râpé + 2 c. à s. de jus de citron vert + 2 c. à s. de coriandre hachée + 2 petits oignons frais.

Rougails : condiments frais à base de fruits et légumes, souvent bien épicés, typiques de la cuisine antillaise et réunionnaise.

Quant aux espèces plus délicates, comme les **poissons blancs** ou les **coquilles saint-jacques**, qui s'effarouchent assez vite en présence du tonitruant gingembre, on peut quand même le leur présenter, mais en prenant des précautions. Le truc infaillible pour que la rencontre fonctionne : faire infuser 2 c. à s. de gingembre râpé dans 25 cl d'huile d'olive pas trop parfumée (faire chauffer l'huile à feu doux, elle ne doit pas fumer ni bouillir, surtout). Feu éteint, laisser les deux éléments se marier à température ambiante,

pendant au moins une demi-journée. Filtrer, et utiliser cette excellente **huile de gingembre**, transvasée dans une jolie carafe, pour assaisonner un tartare de dorade ou badigeonner, au pinceau, un carpaccio de noix de saint-jacques coupées en trois ou quatre dans l'épaisseur, à peine assaisonnées.

Avec les volailles

Le gingembre s'entend bien avec le poulet, mais c'est avec le canard qu'il a le plus d'affinités. Pour les « vraies » recettes, reportez-vous aux livres de cuisine que vous avez déjà (*Mes 2 172 recettes de wok préférées*, par Nek Pham, le chef zen, ou *Ma cuisine top fastoche pour les potes*, par Jean-Claude Oliver, le chef à poil et poilant...). Nous, on se contentera d'ajouter ce petit truc-là, spécial jour de flemme. Couper en tranches des **aiguillettes** ou des **filets de canard** (les magrets, ce sont les filets d'un canard engraissé : à vous de voir) et les faire mariner dans de la sauce Hoisin allongée de sauce soja et de vin blanc, et enrichie de pas mal de gingembre râpé. Cuire à feu vif – au wok, bien sûr, si vous avez – la viande égouttée, baisser le feu, verser et chauffer la marinade, servir avec plein de ciboulette en tout petits anneaux.

L'autre option consiste à agrémenter de gingembre les **fruits poêlés** avec lesquels vous servez votre **canard rôti** ou vos **magrets**. Râpé, en petits dés, en bâtonnets, selon l'effet recherché, en glisser, par exemple, dans les poires ou les coings sautés à la poêle (des coings cuits à la sauteuse dans du jus d'orange, c'est encore mieux). Ou bien sûr dans l'ananas, autre partenaire de choix du magret.

Sauce Hoisin : la sauce barbecue des Chinois, à base de soja, haricots rouges, sucre, sel, ail et épices diverses. Se trouve facilement au supermarché et se conserve très longtemps au frais, même entamée.

Et puis aussi...

Le gingembre est un super « joker culinaire ». Râpé, il peut sauver du flop, ou tout simplement de la banalité la plus crasse :
– **une soupe au potiron**, ou à toute autre cucurbitacée (potimarron, giraumon, courge musquée), plus spectaculaire qu'autre chose, qu'il vous a pris la fantaisie d'acheter à la « fête des légumes d'antan » de Campigneulles-les-Socquettes. Heureusement que vous ne partez plus jamais à la campagne sans votre rhizome, tiens...
– des **carottes râpées** ou des **courgettes crues** que vous avez, comme toujours, agrémentées d'huile d'olive + jus de citron + feuilles de menthe ;
– une **salade de lentilles**... légèrement trop cuites. Rattrapez le coup avec des tomates, des oignons frais, de l'huile neutre, de la sauce soja, du jus de citron et du gingembre en petits dés ;

– du **poulet** ou du **saumon vapeur** : offrez-leur une vinaigrette « à la thaïe », avec une pointe de soja, du vinaigre de riz (ou de miel), de l'huile de sésame mélangée avec de l'huile neutre, du jus de gingembre (voir encadré). Parfait pour les **salades bricolées avec de grosses crevettes**, des cubes d'avocat, de mangue fraîche, des miettes de crabe... (du moment que vous n'en profitez pas pour y glisser du surimi). On peut aussi faire mariner les blancs de poulet dans le classique mélange sauce soja/miel liquide (fifty-fifty, à peu de chose près), agrémenté d'ail haché, de gingembre râpé, de jus de citron vert et de ce que vous avez de *hot* dans le placard (Tabasco, piment en poudre...). Glisser ensuite au four 20-25 minutes à 210 °C, sans oublier de les arroser en cours de cuisson. Du bon vrai riz avec ça – pas du précuit qui sort du sachet – et le dîner de ce soir est plié;

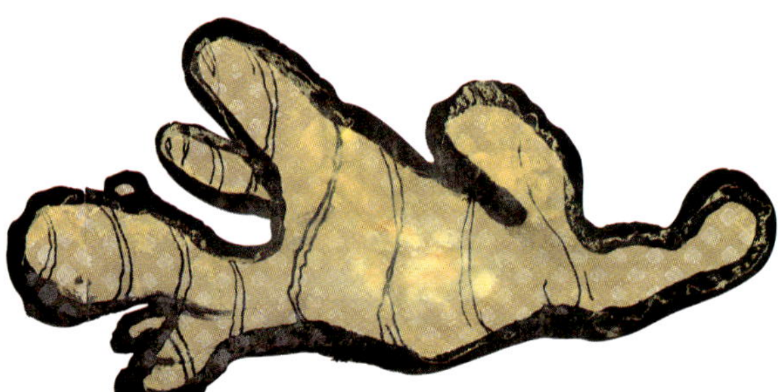

Côté sucré

– sur les **compotes**, le gingembre râpé est une révélation. À notre humble avis, il est quasiment indispensable dans la compote de pommes, ou de poires. Moins évident, tout aussi convaincant : dans celle de rhubarbe, ou de fraises et rhubarbe. Cuites au micro-ondes, les compotes, bien sûr, on espère que vous connaissez le truc...

C'est aussi un bon moyen de secouer les **salades de fruits**. Règles de base : râper finement, avoir la main légère. Sucrer au sirop de canne, si possible. Meilleures alliances estivales : billes de melon vert + melon orange + cubes de pastèque ; melon + pêche ; pastèque + fraise (sur les fruits rouges seuls, c'est un peu trop violent). Best of hivernal : mangue + ananas + grenade + framboises surgelées... sucrés et arrosés de jus d'agrumes (orange, citron vert). On peut aussi sucrer la salade avec du **sirop de gingembre** (dans les gammes de sirops artisanaux). Le truc à savoir : dans les épiceries asiatiques ou très chic (Fauchon, Hédiard), le gingembre confit en lamelles est vendu en bocal dans du sirop plus ou moins sucré.

Et c'est le meilleur ami des **fruits pochés**, bien entendu. Réveillez de gingembre votre recette habituelle ou improvisez sur la base suivante : pour les **pêches**

ou les **poires**, utiliser 1 bouteille de vin rouge ou blanc avec 1 bâton de cannelle, du poivre, 2 clous de girofle, 50 g de sucre roux, 1 noix de gingembre râpée. Faire bouillir 10 minutes, déposer les fruits entiers pelés, laisser « petit-bouillonner » 20 minutes, sortir les fruits à l'écumoire, faire réduire le sirop d'un tiers, verser sur les pêches, laisser refroidir puis mettre au frais. Seule règle d'or à respecter : choisir une casserole ou une sauteuse qui contient tout juste les fruits, car il faut qu'ils soient serrés. Pour un gros **ananas** coupé en cubes : chauffer 50 cl d'eau avec 100 g de sucre et 50 g de gingembre en dés ou en copeaux, 1 gousse de vanille fendue, du piment de la Jamaïque ou du poivre un peu chic (Sichuan, Sarawak...) qui traînerait dans les parages... plus 5 cl de rhum vieux si vous aimez. Laisser « bouilloter » 10 minutes, puis en arroser l'ananas et laisser refroidir. Essayez donc l'ananas rôti au four, vous nous en direz des nouvelles...

Un dernier truc : la **crème fouettée** (ou la chantilly) avec du gingembre râpé. Servir avec une très bonne **tarte tatin** du pâtissier, juste repassée au four. Savourer son triomphe.

Côté boissons

Il n'y a pas que le punch et le rhum-gingembre dans la vie des gingermaniaques, il y aussi :

Des hot drinks

Ajouter du gingembre frais râpé dans la boule à **thé** (avec du thé vert, du darjeeling, ou du massala tea, qui en contient déjà). Si on aime la version **« au lait et aux épices »** des *chaï shops* indiennes, faire infuser les épices (gingembre/gousse de cardamome fendue) dans le lait concentré coupé d'eau. Puis mélanger avec le thé. Pour de la **tisane**, essayez de trouver de la **racine de gingembre séchée**, dans les magasins exotiques, plus concentrée en goût, plus efficace pour chasser une crève débutante. Avec du rhum et du miel façon grog, ça marche aussi.

Des soft drinks

« Customisez » de bons jus de fruits du commerce (pomme, poire, pêche...) au jus de gingembre (voir plus loin). Ou inventez des jus maison si vous avez une centrifugeuse (et le courage de nettoyer le filtre, surtout). Les bonnes alliances : poire + gingembre ; pomme Granny Smith non pelée + feuilles de menthe + gingembre râpé + trait de citron vert ; pastèque + framboise + gingembre ; ou la classique carotte + pomme + gingembre.

Un *ginger soda* ? Pour une grande carafe : il faut râper un très gros morceau de gingembre (100 à 150 g), la réussite est à ce prix. Mettez-le au fond d'un grand saladier avec les feuilles d'un beau bouquet de menthe, 3 c. à s. de sucre, le zeste de 1 ou 2 citrons, en morceaux. Pilonnez bien et vite pour mélanger les saveurs. Ajoutez du Schweppes et le jus de 2 ou 3 citrons, jusqu'à l'acidité voulue (réfrigérez et goûtez à nouveau quand c'est bien frais). Servez filtré, bien sûr, une colonie de glaçons tintinnabulant dans la carafe et une tige de menthe glissée dans le col de celle-ci.

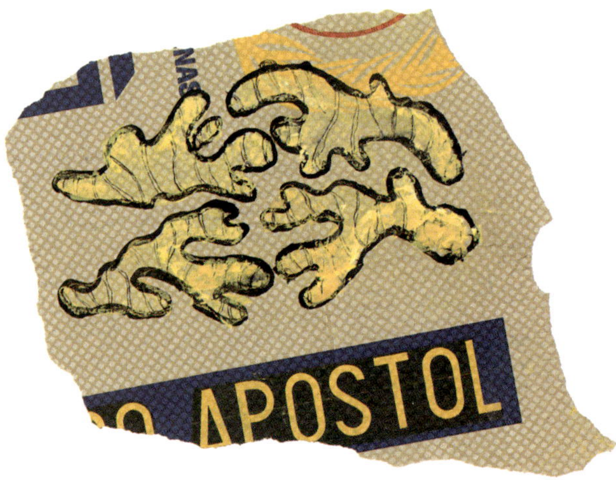

Ginger mode d'emploi

Le peler : bon courage si le rhizome est tortueux. Plutôt que de tailler une noix ou une noisette, comme le conseille la recette, couper des tranches fines, et les éplucher ensuite avec votre fidèle couteau de cuisine. Encore mieux : réussir à dégoter, chez les commerçants asiatiques, du « gingembre vert », tout jeune, à la chair blanc-rosé, qui n'a même pas besoin d'être pelé.

Le conserver : jusqu'à un mois dans le bac à légumes, emballé dans du film alimentaire. Les vrais accros pèlent tout le rhizome d'un coup, le mixent au robot – en diluant au besoin avec de l'eau – et bouclent la purée obtenue au frais, dans un Tupperware. Ça se conserve aussi longtemps.

Le râper : hélas, rien à vous dire d'extraordinaire qui vous évite de vous râper les doigts en même temps (sauf si vous disposez d'une mandoline professionnelle ultrasécurisée).

Le presser : pour obtenir un dé à coudre de « jus de gingembre », pour les marinades, les vinaigrettes (et pour plein d'autres recettes d'ailleurs, quand on a la flemme de couper des petits dés), il suffit d'utiliser un presse-ail.

Le vinaigre
balsamique

Encore une vraie success-story ! Depuis qu'on s'en est entichés, on en flanque partout, assez anarchiquement avouons-le, même quand un bon vinaigre de cidre ou de Xérès serait cent fois plus adapté. Il faut dire qu'il est difficile de lui échapper ! Les grandes marques françaises, un temps dépassées par cet engouement, l'ont désormais introduit dans leurs gammes, et le « VB » ne s'achète plus forcément au rayon produits italiens... Quoique. C'est là que ça se complique. Quel rapport entre la bouteille à 3 euros du supermarché et la petite fiole à 30 euros de l'épicerie fine ? Et si on ne veut ni de l'une ni de l'autre, comment trouver son bonheur ? À retenir une fois pour toutes pour éviter d'y perdre son italien : contrairement au vinaigre tout court, élaboré à partir d'un liquide alcoolisé, le balsamique (qu'il soit « de Modène » ou pas) est obtenu par fermentation de moût de raisin cuit et réduit, ce qui lui donne cette saveur caramélisée et cette consistance sirupeuse auxquelles on est devenus accros. Ce qui explique la différence de prix ? Outre la qualité des raisins, c'est la provenance (à Modène, ça fait quelques centaines d'années qu'on maîtrise le procédé), l'origine artisanale, et surtout, le fait que le fabricant décide, ou non, de faire vieillir son vinaigre en fût. Voilà pour le VB « courant ». À ne pas confondre avec son cousin de la haute, qui s'appelle le « vinaigre balsamique **traditionnel** de Modène », beaucoup plus rare, et qui bénéficie d'une appellation d'origine contrôlée. Spécificités ? Le cépage de raisin utilisé (du *trebbiano* sinon rien, vendangé tardivement) et le vieillissement du précieux liquide (12 ans minimum) dans 5 barriques successives, toutes d'un bois différent : dans l'ordre, chêne, châtaignier, cerisier, frêne, mûrier. Eh oui, c'est pas de la rigolade, et ça s'emploie au compte-gouttes, quand ça ne se sirote pas, à la fin du repas, comme une eau-de-vie. Et le basique balsamique ? Il faut le choisir de préférence légèrement vieilli, et surtout, sans additifs inutiles (attention, certains sont chargés en caramel). À partir de maintenant, cessons d'en arroser n'importe quelle salade, et utilisons-le avec décontraction, mais discernement pour...

Déglacer la poêle du **foie de veau**, du **magret**, des **filets de canard**, ou des escalopes de **foie gras**, bien sûr. Après avoir vidé le gras, et avec adjonction (ou non) de 1 c. à c. de miel liquide pour caraméliser tout ça. Vous trouverez sûrement plein de recettes où il faut se lancer dans un vrai caramel, mais franchement, la méthode basique – on s'en contente très bien – a le mérite de ne pas flinguer les casseroles. Un dîner de tous les jours simple et vraiment pas ruineux ? Une poêlée de **foies de volailles** avec échalotes et persil, déglacés au balsamique, versés sur un beau plat de gnocchis achetés au rayon frais. Bien poivrer, et poudrer de parmesan, si on veut.

Assaisonner le **carpaccio**, évidemment. À faire découper, pour être vraiment dans le coup, dans de la **noix de veau**, par le boucher ébahi... Et là, soit on le badigeonne – au pinceau, de préférence – de la classique vinaigrette huile d'olive/balsamique, en se lâchant complètement sur la roquette, les pignons de pin, les copeaux de parmesan... soit on lui offre une petite sauce crémeuse à base de pâte d'anchois allongée de crème liquide et relevée de balsamique. À savoir : on trouve dans les épiceries italiennes vraiment pointues de la *crema di balsamico* (vinaigre réduit façon sirop).

Bricoler une sauce express pour un reste de **pâtes** : faire revenir à la poêle dans un mélange beurre/huile d'olive (la maison ne recule devant rien) le reliquat des pâtes de la veille. Pour bien faire, ça doit « grilloter » par endroits. Dans un petit bol à part, préparer un mélange de tomates épépinées coupées en dés et de petits oignons frais ayant subi le même traitement, avec une pointe de vinaigre balsamique. Mélanger le tout à la dernière minute, le chaud, le froid, le cru, le grillé. Un délice...

Booster les plats de **tomates** ou/et **d'oignons doux** cuisant tout seuls au four pendant des heures. Verser un filet de vinaigre quelques minutes avant d'éteindre le four... Un tantinet plus recherché : faire réduire de moitié, dans une petite casserole, un verre de vinaigre balsamique, puis verser ce jus, concentré en saveurs, sur des tomates cerises préalablement arrosées d'huile d'olive et « éclatées » à four doux pendant 1 h 30 environ. Pas mal non plus : une fausse ***caponata*** simplifiée. Faire revenir des aubergines en petits dés à la poêle, avec des oignons, des pignons, des olives, quelques tronçons de céleri branche si on veut, un peu de sauce tomate, et à la fin déglacer tout ça au vinaigre balsamique et ajouter plein de coriandre.

Caponata : variante sicilienne de la ratatouille, plus goûteuse, car on n'y met pas de courgettes, mais un peu de céleri branche, du vinaigre, des câpres, des olives...

Doper le **gigot** : pas le temps d'innover cette fois-ci ? À la classique huile de massage de la bête (huile d'olive, ail pressé, romarin...), ajouter un peu de vinaigre balsamique. Ils vont se creuser la tête, les invités, pour savoir d'où vient cette délicate note acidulée...

Arroser (modérément) certains petits plats qui apprécient particulièrement son acidité tempérée de douceur. Par exemple ? Des **endives braisées** poudrées d'un peu de sucre de canne (ça change du jus d'orange), des **langoustines sautées** « vite fait bien fait » à l'huile d'olive (si elles sont grosses, les précuire à la vapeur), des **figues poêlées** fendues en quatre : les poser dans la poêle sur le dos dans du beurre fondu. Laisser saisir 5 minutes, saupoudrer de sucre de canne, de sel, de poivre. Déglacer avec le vinaigre balsamique, servir avec de la roquette, du jambon de Parme et une boule de mozzarella individuelle, et voilà une salade-repas de haute volée.

Rayon desserts

Redécouvrir la **« tartine de fraises »** : étaler sur du pain de campagne, ou du pain au levain à la mie bien compacte, une couche de mascarpone (ou de fontainebleau, ou autre spécialité laitière plutôt riche), garnir de fraises, sucrer au sucre vanillé si on en a sous la main, et pour la touche finale, asperger de quelques gouttes de vinaigre balsamique. Grandiose !

Ou découvrir, tout court, la **poêlée de fraises** minute : faire revenir pendant 1 minute les fraises coupées dans un peu de beurre, saupoudrer de sucre et arroser (avec parcimonie) de vinaigre balsamique. Servir dans des coupelles individuelles avec une bonne glace vanille. Variante : faire fondre à feu doux 4 ou 5 caramels au beurre salé, le reste de ce paquet qu'on vous a rapporté de Quiberon. Ajoutez une barquette de fraises. Enrobez-les bien de caramel avant d'ajouter le VB.

Renouveler la **salade d'agrumes**. On la fait comme d'habitude, avec des rondelles d'orange pelée à vif (c'est l'étape la plus pénible), du jus d'orange et de citron (et du zeste râpé aussi, s'il est bio), un peu de miel liquide pour sucrer le tout. Laisser reposer au frigo 1 heure ou 2. Ce qui change ? Pas de cannelle, pas de fleur d'oranger, mais à la place, juste avant de servir, 2 c. à s. d'huile d'olive bien fruitée et 1 c. à s. de vinaigre balsamique par assiette... Et pas de feuille de menthe, surtout, ça gâcherait tout !

Poêler des **fruits d'automne** taillés en gros dés : le mélange pommes + poires + raisins, saisi au beurre et déglacé au balsamique, fonctionne très bien soit avec le dessert, soit avec la pintade, le canard et le gibier. Idem pour les **figues** : faites-les revenir tout doucement, coupées en deux et disposées côté peau, dans du beurre et du sucre. On peut bien sûr les assaisonner avec du poivre chic, de la cannelle, de la vanille.... Quand elles sont *al dente*, versez le vinaigre balsamique et laissez-le s'évaporer. Pour l'option desserts, on ne saurait trop vous recommander de les servir bien chaudes avec une glace « lait d'amandes » ou « calisson » de chez un bon fournisseur...

Ne pas en rester là. Et dans un vaste élan créatif, transformer la poêlée ci-dessus, déjà très chic, en **tarte fine aux figues**. C'est compliqué ? Pas plus que ça. Disposer les figues cuites sur une bonne pâte feuilletée du commerce précuite à blanc (sans rien dessus), et arroser avec le jus de cuisson réduit. Remettre au four une dizaine de minutes, dont 30 secondes sous le gril, et servir triomphalement.

Et le très bon, très cher, on le sort pour quoi ?

On ose à peine toucher à cette petite fiole de 10 cl et 25 ans d'âge. Ce serait pourtant dommage de la casser avant de l'avoir essayée sur :

– les œufs au plat : 3, 4, 5 gouttes suffisent. Quand elles roulent sur le jaune bien bombé, c'est de toute beauté. En bouche aussi, d'ailleurs...

– la glace à la vanille de chez un vrai glacier. Ou la glace aux fraises ou aux framboises maison, le jour où on étrenne la sorbetière de la fête des Pères (c'est bien un cadeau de fête des Pères, non, de nos jours ?) ;

– les copeaux de foie gras cru. Taillez, pareillement, une vingtaine de tranches dans une seule figue crue itou (affûtez vos couteaux), appelez ça un carpaccio...

– une lichette de très bon parmesan. Ils sont faits pour s'entendre ;

– une salade de gariguettes à l'huile de pistache, parsemée de pistaches ;

– une tarte tatin du très bon boulanger du coin, réchauffée au four. Ce sera votre touche personnelle, celle qui fait toute la différence.

La Ricotta

Même mentalement, on espère que vous n'avez pas prononcé le « a » en lisant ce titre et que la dernière syllabe s'est envolée dans les hauteurs. C'est le cas ? *Per-fet-to*. Si on vous dit « la ricott(a) », bien sûr, vous pensez d'abord au film de Pasolini. Eh oui, le cinéaste tourne, en 1963, un moyen métrage dont le personnage principal est un miséreux des faubourgs de Rome, engagé comme figurant pendant le tournage d'un film sur la passion du Christ. Et où le fromage en question joue probablement, lui aussi, un rôle de premier plan. Seulement, hélas, vu la tragique disparition du ciné-club sur les chaînes de télévision publiques, on ne peut pas vous dire où il en mettait, Pier Paolo. En revanche, sachez que notre amie la ricott(a) – l'un des piliers du trio « fromages frais italiens trouvables en 2005 dans n'importe quel supermarché », avec Miss Mozza et M. Mascarpone –, n'est pas vraiment un fromage, mais plutôt un de ses dérivés. Inventée paraît-il par les paysans siciliens, on la fabriquait au départ – et c'est toujours le cas grosso modo – à partir du « petit-lait » de fromage de brebis (*pecorino* ou autre), allongé de lait frais et réchauffé, le tout donnant un nouveau caillé. D'où son nom qui signifie tout simplement... « la recuite ». D'où, surtout, sa texture très spéciale, à la fois crémeuse et granuleuse, un peu douceâtre, même, quand on la goûte pure. Et là, ça passe ou ça casse. Il y a les allergiques, que sa consistance révulse, surtout en version artisanale (chez les bons fromagers, on trouve des ricottas de brebis, de chèvre, de bufflonne, plus ou moins affinées, salées, séchées : à consommer rapido, dans tous les cas, sinon elles tournent). Dans le camp adverse, il y a les fans qui adorent, justement, sa consistance vaguement crayeuse et qui, pas snobs, l'aiment même au lait de vache, dans son pot en plastique du supermarché. Le hic : ils ne savent pas toujours comment l'utiliser... sans se lancer dans les lasagnes, cannellonis ou pire, les raviolis maison. La manger nature (relevée de sel, poivre, huile d'olive) avec du melon, du jambon, des raisins, des olives ? Bonne idée. S'en refaire une lichette au dessert avec du miel ? Trois fois oui. Mais on peut aussi décider d'élargir son répertoire et s'en servir pour :

Tartiner toutes sortes de ***bruschette***. On étale, par exemple, sur du pain de campagne grillé :
– de la ricotta rehaussée de **quelques gouttes d'huile de truffe**, ou de pschitt de truffe, ou de quoi que ce soit à l'arôme truffe acheté dans un moment d'égarement. Une occasion rêvée de vous en servir enfin ! Vous pouvez réchauffer la *bruschetta* sous le gril quelques secondes. Ou ajouter du persil ou de la ciboulette ciselés très fin.
– de la ricotta mélangée à de **tout petits dés de poivron**, rissolés dans de l'huile d'olive légèrement pimentée. Pas de poivrons ? Des **tomates séchées**, tout droit sorties du bocal, coupées avec des ciseaux, avec un peu de l'huile de marinade et quelques gouttes de Tabasco, les remplaceront au pied levé.

Faire soi-même des ***involtini di speck***, les antipasti délicieusement régressifs qu'on achète à prix d'or (quoique baignant dans l'huile tout à fait ordinaire) chez le traiteur italien. On veut ici parler des **rouleaux de *speck* farcis de ricotta** maniée avec de l'huile d'olive, du basilic frais, et des brisures d'olive, parfois. Enrouler soi-même le speck (ou le **jambon cru**, pas forcément du parme, d'ailleurs). Poivrer généreusement, saler très légèrement : le jambon l'est déjà.

Mixer toutes sortes de **dips** ou de **pâtes à tartiner**. On ajuste leur consistance en diluant la ricotta – pas trop riche en matières grasses au départ, ouf – avec de la crème liquide ou du lait. Avec un pot de ricotta (250 g, le format usuel) : partir sur un **dip aux herbes**, comme pour un fromage blanc, avec du basilic ciselé, de la ciboulette, du persil (facultatif), du thym haché (si on veut), de l'ail pressé (si on aime), du sel, du poivre, des graines de fenouil (si on a). Parfait avec du pain de campagne bien rustique, ou servi en petits tas dans l'assiette, avec une salade verte et des toasts de tapenade. Recommandé aussi pour farcir des tomates cocktail (plus grosses que les « cerises »), évidées et égouttées, qu'on sert bien fraîches, avec une salade de mesclun et le vin blanc assorti. Ou plus simple et plus raffiné à la fois, mouliner pour les invités intrigués un **dip aux pistaches** : mixer 50 g de pistaches, bien mélanger avec un pot de ricotta travaillé à la fourchette et 3 c. à s. d'huile d'olive (ou moitié huile d'olive, moitié huile de pistache). Tremper dans cette délicieuse mixture des bâtonnets de céleri ou d'endive. Ou l'étaler sur des *lingue*, les gressins plats italiens.

Déboussoler **la pizza maison**. En remplaçant la mozza par de la ricotta ? Pourquoi pas ? La texture est déjà, en soi, très dépaysante. Mais l'idée, ici, c'est plutôt

Speck : jambon italien (légèrement) fumé et séché. Le meilleur est fabriqué dans le sud du Tyrol, à côté de l'Autriche. Mais ne parvient jamais jusqu'à votre supermarché habituel.

Bruschetta : à l'origine, c'était un truc très rustique, une tranche de pain grillé frotté d'ail et arrosé d'huile d'olive. Sur cette base, on peut y ajouter toutes sortes d'ingrédients à tonalité italienne. Au stand italien du marché, essayer de trouver des sachets de pain Bruschelle, 4 immenses tranches à grillé spécialement étudiés pour.

de zapper l'habituel coulis de tomates pour obtenir une « pizza blanche ». On recouvre la pâte de **ricotta** assouplie avec un filet d'**huile d'olive**. Et pour le reste de la garniture, on fait simple : ajouter soit une **persillade** (ail et persil haché), soit, tout bêtement, 2 ou 3 cuillerées d'un bon **pesto**. À la sortie du four, une poignée de feuilles de **roquette** fraîches et croquantes sur le tout, pour le contraste. Autre option : répartir sur la ricotta, avant cuisson au four, quelques **champignons « sauvages »** (chanterelles, trompettes) poêlés à l'ail et l'huile d'olive.

Farcir des petits légumes : tomates, courgettes rondes... Ou des gros, d'ailleurs (poivrons, aubergines...). Le principe est toujours le même, une fois les légumes évidés (pour les tomates, penser à les égoutter soigneusement, retournées sur du papier absorbant, après avoir salé l'intérieur ; pour les courgettes, hacher la chair en petits dés et l'intégrer à la farce ; pour les aubergines, précuire à la vapeur et mixer la chair). Écraser la ricotta à la fourchette avec un soupçon de parmesan fraîchement râpé, les dés ou la chair des légumes, de l'ail pressé ou pilé au mortier, du basilic (pilé avec l'ail, c'est parfait), du sel, du poivre et une bonne huile d'olive, pour obtenir une préparation bien souple. Farcir les légumes, les recoiffer, et vlan, à four doux dans un plat huilé, pendant 3/4 d'heure. Le truc qui change tout : réserver quelques belles feuilles de basilic, les huiler, les glisser entre le légume et son chapeau, elles croustilleront à la sortie du four. On raffine ? Ajouter de la menthe, du thym, du romarin, ou des pignons grillés.

Garnir des bricks ou une tarte salée du duo ricotta/épinards, un mélange qui a fait ses preuves. Avec des épinards surgelés de préférence, nettement plus maniables. Mode d'emploi ? Décongeler, à l'avance, dans une passoire, 450 g d'épinards hachés Picard (les plus goûteux), bien presser pour égoutter. Puis confectionner la garniture sur la base suivante : un pot de ricotta, des pignons grillés, un œuf, du curry, du cumin, du sésame, du ras el-hanout (selon la richesse de votre étagère à épices). Variante ? Ricotta, parmesan, muscade, menthe, zeste de citron, pignons, raisins secs, œuf si besoin... Mélanger soigneusement avec les épinards égouttés. Si la préparation est trop liquide, on y glisse de la poudre d'amandes, pour l'assècher. Puis on garnit, au choix, des feuilles de brick roulées en nems ou pliées en triangles (selon votre capacité à déchiffrer les petits croquis de l'emballage) ; une bonne pâte feuilletée du commerce ; ou encore des lasagnes ou des cannellonis, bien sûr... mais il vous reste à faire la béchamel !

Inventer ou réinventer des sauces de pâtes, ça tombe sous le sens. Allez, juste trois idées pour vous en donner des tonnes d'autres.

– Une basique (de chez basique) : faire revenir 1 oignon haché avec un filet d'huile. Ajouter une briquette de coulis de tomates, du basilic (ou du thym, ou de l'origan). Quelques instants avant d'enlever du feu, faire fondre dans le mélange 3 ou 4 c. à s. de ricotta. Verser sur les pâtes.

– Une classique, italienne et garantie : faire revenir à feu doux une barquette (200 g) de lardons fumés, avec 2 oignons rouges en fines rondelles. Couvrir et oublier pendant la cuisson des pâtes. Au moment de servir, verser les oignons/lardons sur les pâtes et ajouter 6 c. à s. de ricotta émiettée à la fourchette. Mélanger avec toute l'énergie dont vous êtes capable et servir immédiatement. Ça ne donne pas une sauce onctueuse, c'est normal. Parmesan facultatif, mais bienvenu.

– Une qui dépote : non, on ne l'a pas inventée un soir de dèche, ni en rentrant d'une fête à 3 heures du matin. C'est un classique du sud de l'Italie. Il s'agit donc de mélanger un verre de lait chaud à un pot de ricotta, saler, poivrer, ajouter 1 c. à s. de sucre en poudre et 1 c. à c. de cannelle. Mélanger à des penne *al dente*, servir généreusement aux enfants, mais pas seulement.

Tenter un happening culinaire,

avec cette **salade** réservée aux fous de ricotta, et aux vrais copains également (ce n'est pas très présentable, on vous prévient). Battre un pot de ricotta à la cuiller dans un saladier (avec un filet d'huile au besoin). Saler, puis l'étaler dans un plat à four, sur 1 à 2 cm d'épaisseur, sans lisser la surface. Placer à 15 cm du gril préchauffé, pendant environ 10 minutes. Elle est toute tachée de brun et de noir, c'est normal. Préparer des assiettes de **roquette assaisonnée**, un peu aillée, avec des tomates cerises. Déposer dans chaque assiette une part de **ricotta grillée** et poivrée au moulin.

Façonner des boulettes pour la soupe :

pour le délicieux mélange des textures, et pour frimer (prétendez que vous tenez cette recette de votre arrière-grand-mère Antonia, celle qui n'a jamais quitté son village des Pouilles). Marche à suivre : bien lisser à la cuiller en bois dans un grand bol 250 g de ricotta bien ferme, pour une fois (si elle est trop fraîche et onctueuse, ça ne marche pas). Ajouter 1 œuf, 3 c. à s. de parmesan, 3 c. à s. de farine, du sel, du poivre, de la muscade. Confectionnez des boulettes grosses comme des noix, faites-les frire à la poêle après les avoir roulées dans la farine, déposez dans le fond de la soupière

et versez délicatement par-dessus du bouillon de poulet maison plein de romarin, ou une bête soupe à la tomate. (la même préparation, conservée au frais, fait un dip idéal, notamment avec des radis !)

Faire déménager l'omelette. La célèbre omelette au *brocciu* corse (le vrai, le frais, dur à dénicher sur le continent) est aussi très réussie quand on la prépare avec une bonne ricotta, si possible de brebis. Bon, on ne va pas vous apprendre à faire l'omelette (à feu d'enfer, en préchauffant la poêle)... Quand elle est dorée sur le dessous, saupoudrez-la généreusement de ricotta émiettée salée-poivrée et de menthe ciselée. Repliez-la en deux, laissez le fromage fondre un tantinet, puis servez vite fait bien fait.

Côté dessert

Quand on ne se contente pas de la consommer nature avec quelques figues bien mûres et du miel, la ricotta se glisse aussi dans toutes sortes de douceurs. Notre best of :

Un petit gratin de figues aux pignons, justement, ça vous dirait ? Dans un plat à four beurré, disposer des figues coupées en deux, creuser un trou dans chaque moitié (avec les pouces si vous voulez, ça restera entre nous). Confectionner une farce avec de la ricotta, 1 œuf, de la poudre d'amandes, du miel liquide, de la fleur d'oranger. Disposer un peu de ce mélange sur chaque figue, saupoudrer de pignons, glisser à four doux 25 minutes, puis monter légèrement le thermostat pendant les 5 minutes restantes. Variantes ? Innombrables. On peut utiliser pour le mélange de la cannelle, de la cardamome, du zeste de citron râpé, ou encore faire cuire les figues séparément (arrosées d'un mélange jus de citron/sucre roux), et les servir avec de la ricotta à la cannelle à part, bien froide.

Brocciu : le nom corse de la brousse, fromage frais en faisselle de brebis ou chèvre à la texture granuleuse, très proche de la ricotta. En cuisine, ces trois-là sont un peu interchangeables. Le brocciu se trouve d'octobre à juin, avec beaucoup de persévérance, car il quitte peu son île natale.

Une jatte de crème pour accompagner les fruits rouges. Faire infuser 1 gousse de vanille fendue dans 1/4 de litre de lait chaud. Verser peu à peu le lait dans une jatte contenant 500 g de ricotta (2 pots) et 150 g de sucre, en fouettant pour lisser. Servir avec des fraises, des framboises et un bol de coulis de fruits rouges.

Une garniture pour les crêpes : ricotta au lait vanillé (voir ci-dessus), enrichie de zeste de citron râpé, pour fourrer des crêpes tout ce qu'il y a de plus basiques, servies roulées. Sur des minicrêpes bien épaisses – sortez la poêle à blinis ! – c'est encore meilleur.

Un faux tiramisu express : verser dans la ricotta, 2 c. à s. de sucre en poudre, 1 ou 2 tasses de café bien fort (si le Père Noël vous a apporté la machine à expresso, profitez-en), plus, éventuellement, 1 dé à coudre de boisson alcoolisée « agréée pour le tiramisu » (marsala, amaretto, liqueur de café...). On mélange, on transvase dans des verres transparents individuels, comme dans les livres de cuisine à la page. On saupoudre artistiquement de cacao avec une passette. Et on plante dans ces « coupes » des petits biscuits à la cuiller italiens, des Pavesini, justement, ils ont la bonne taille. Ou de très bons boudoirs qu'on a à portée de main. Variante : saupoudrer la préparation, façon crumble, de biscuits amaretti réduits en chapelure grossière, au robot.
PS : Est-il besoin de préciser que quasiment toutes ces recettes peuvent se faire avec de la brousse de brebis ou du *brocciu* de où vous savez ? Oui ? Alors on le précise.

Le curry

Depuis toujours, son goût nous est familier, identifiable à la première bouchée. Même ceux dont l'enfance remonte aux années 60 l'ont forcément croisé un jour à la table familiale, colorant une mayonnaise ou décoiffant du riz façonné en timbale, dans la plus pure tradition « fiche cuisine ». Lesquels étaient souvent mitonnés, non par une ménagère versée dans la *fusion food* avant l'heure, mais par une mère de famille lambda, ignorant que cette poudre magique était l'élément de base de la cuisine indienne. Si on lui avait dit à l'époque, qu'au lieu de glisser quelques pincées DE curry dans ses roulades de filets de sole, elle aurait pu se lancer dans la confection d'UN curry torride ! Eh oui : outre la poudre épicée, le mot curry désigne le ragoût de viande, de poisson ou de légumes ainsi parfumé. Si on se souvient bien de nos cours de français, ça doit s'appeler une synecdoque. Ce que la ménagère des années 60 ignorait aussi probablement, c'est que le curry n'est pas une épice, mais un mélange (cumin, coriandre, laurier, curcuma, girofle, tamarin, cardamome, poivre, piment, muscade, gingembre...), dont la composition varie selon la région et le cuisinier. Dans les années 70, tout va changer. Le (les) curry (ies), certains le goûtent en VO, quelque part entre Katmandou et Goa. D'autres, parfois, le découvrent en séjour linguistique outre-Manche, quand la famille d'accueil, pour changer des petits pois fluo, les emmène au restaurant indien. Ensorcelants, les effluves de l'endroit ! Le concept va bientôt traverser le *Channel*. Et les Français de s'initier au curry à toutes les sauces (merci Marks & Spencer). Quinze ans après, au rayon exotique du supermarché, on est pratiquement sûr de dénicher des bocaux de pâte de curry (mélange d'épices liées avec un corps gras), gradués du plus doux au plus *hot*... Ça se conserve des mois au frigo, et ça s'utilise presque plus facilement que la poudre (dont on parlera ci-après. Si rien n'est précisé, c'est que pâte ou poudre font l'affaire). Et ce serait vraiment bête de confiner le contenu du bocal aux sempiternelles recettes de rata (poulet, agneau, crevettes) que suggère l'étiquette. Tentez plutôt :

Une cuillerée de pâte de curry Sharwoods ou Patak, celle qu'on trouve partout, sur le bord de l'assiette, en guise de condiment avec un simple **bifteck à la poêle**. Ou avec du **poulet froid**, accompagné d'un bon chutney de mangue ou de citron vert déniché dans la même gamme. Bien vu aussi : en proposer avec la viande du **pot-au-feu**, entre gros sel et cornichons...

Une cuillerée toujours, au besoin, dans la **soupe de légumes** : celle qu'on fait au pifomètre, avec tout ce qui reste dans le bac du réfrigérateur, sans maîtriser vraiment les mélanges et les proportions. Si elle manque de personnalité parce que toutes les saveurs ont fini par s'annihiler, une pointe de curry peut vous sauver brillamment la mise. Bienvenue également : de la pâte de curry, mélangée au dernier moment avec un peu de crème dans un banal **potage poireaux/pommes de terre** ou dans une **soupe de tomates**. En revanche, si on se lance dans une crème de chou-fleur, incorporer le curry dès le début. La bonne méthode ? Faire cuire les bouquets dans un mélange de bouillon de légumes et de lait au curry. Ajouter quelques gousses d'ail épluchées, ça ne peut faire que du bien. De la poudre, plutôt, dans le court-bouillon des **poissons**, dans l'eau de cuisson des **bulots**, du **crabe**, des **langoustines** et dans la **mayo maison** qui va avec, bien sûr.

C'est connu, mais ça mérite un petit rappel : ne jamais oublier le curry quand on arpente les rayons du supermarché, avec la liste de courses pour 15 jours de vacances à la mer.

D'autant qu'on pourra l'exploiter de façon plus spectaculaire que les classiques évoqués ci-dessus. Exemple : des **huîtres rôties au curry** (trouver de préférence un mélange subtil, qui n'arrache pas trop). Ouvrir 2 douzaines d'huîtres, en détachant la bête et en récupérant tout le jus, qu'on réserve. Redéposer les huîtres dans leurs coquilles, et celles-ci sur la plaque du four (sur un lit de gros sel, pour que ça soit stable). Puis mettre 4 échalotes hachées très fin dans une casserole, avec 1 ballon de muscadet, et faire réduire jusqu'à évaporation totale. Là, ajouter le jus des huîtres (filtré à la passette), un pot de 20 cl de crème fraîche épaisse, 1 c. à c. de poudre de curry. Chauffer 10 minutes à feu doux, le temps d'épaissir la sauce, et répartir celle-ci sur les huîtres. On goûte, on sale-poivre au besoin, on ajoute une herbe si on veut (persil, cerfeuil, estragon...). Glisser sous le gril du four 5 minutes. Vraiment pas compliqué, et carrément classe.

Un autre débouché maritime ? Mélanger dans un plat creux du beurre salé ramolli, du curry en poudre et de la chapelure. Incorporer 1 pomme Granny coupée en tout petits dés.

Déposer une noix de ce mélange sur des **praires** ou des **palourdes**, avant de les gratiner au four.

Quelques pincées de poudre de curry, aussi, dans les **« tombées » d'épinards**. Frais ou surgelés, on les fait revenir à la poêle pour qu'ils rendent leur eau. Puis on transvase dans un plat, on essuie la poêle, on fait fondre du beurre avec de la poudre de curry (une tactique qui révèle toute sa saveur : ça marche aussi pour les œufs brouillés), et on remet ensuite dans la poêle, pour une petite dizaine de minutes, les épinards égouttés.

D'autres légumes qui gagnent à fréquenter le curry : les **endives**, précuites à la vapeur et bien égouttées, puis braisées dans du beurre agrémenté de curry, mais aussi de curcuma et de quelques grains de cardamome, pour le même prix. Avec des **coquilles saint-jacques** au naturel, c'est exquis. Un peu de pâte de curry aussi, pour le beurre dans lequel on fait étuver les **asperges vertes**, précuites aussi et taillées en biseau.

Sans oublier les **lentilles**, bien sûr, qui sous toutes leurs formes et leurs couleurs, et même dans un basique **« petit salé »**, s'entendent très bien avec lui. Pas de lentilles corail dans les placards ? Pas grave, on prépare, avec des lentilles vertes, une sorte de **« dal du Puy »**. Les cuire selon les indications du paquet, puis, 10 minutes avant la fin du temps de cuisson indiqué, les égoutter. Dans une petite cocotte, faire fondre du beurre avec de l'ail, des oignons frais coupés en quatre et du curry. Ajouter les lentilles, puis faire revenir 20 minutes à feu doux, et incorporer une lampée de crème fraîche. Servir avec du riz, pour un repas végétarien mi-indien, mi-auvergnat : si c'est pas de la *fusion food*, ça !

Dans la même série, préparer des **carottes**, en rondelles, sautées à l'huile d'olive avec des oignons émincés, de la pâte de curry , une pointe de concentré de tomates et un verre d'eau. Ou des **patates douces** en morceaux, dans un wok ou un fait-tout où l'on a fait chauffer à feu vif de la pâte de curry, diluée petit à petit avec du lait de coco. Les patates cuisent ensuite à feu moyen, immergées dans la sauce.

Plus exotique encore ? Un **gratin de bananes plantains**, ces trucs dont on ne sait jamais bien quoi faire. Une suggestion ? Les cuire 1/2 heure à l'eau, non pelées, jusqu'à ce qu'une pointe de couteau s'enfonce facilement. Les éplucher, puis les écraser à la fourchette avec une noix de beurre salé. Parsemer d'un mélange chapelure et curry, et gratiner au four. On peut glisser sous cette préparation de la **morue** pochée et effeuillée. Si le mot « morue » vous effraie, servez avec du poisson blanc, ou un rôti de porc. C'est le gratin, généralement, la vedette du dîner !

Penser aussi au curry pour bricoler toutes sortes de **dips** et **condiments** à base de **fromage blanc** (ou de **yaourt**). Le mélange fromage blanc + pâte de curry + ciboulette est génial avec des œufs durs, des crudités ou des pommes de terre au four. Sans oublier toutes les variantes de **raïta**, petit hors-d'œuvre des restaurants indiens, qui gagne lui aussi à être quelque peu chargé en curry. Battre 1 yaourt grec avec un filet d'huile d'olive, du jus de citron, du sel, ajouter du curry comme on aime. Incorporer dans le mélange du concombre râpé (ou en demi-rondelles très fines), très très bien dégorgé et essoré. Tout de suite plus intéressant : remplacer le concombre par de la pomme Granny Smith râpée non pelée (mais citronnée). Ultra-agréable avec du porc, de l'agneau ou du poulet.

Une botte secrète ? La **chapelure au curry**. Elle a existé un temps en version toute prête, mais on ne l'a pas croisée depuis un bail dans les allées d'un hypermarché. Peu importe, il vaut mieux la faire soi-même en mixant des biscottes au robot, avant de parfumer de curry la panure obtenue (environ 4 c. à s. de chapelure pour 2 c. à c. de curry). Surtout qu'aujourd'hui, vu la longueur du rayon biscottes, on peut s'amuser. Notre conseil : taper dans les « fantaisie », aux graines et céréales, et les petits pains suédois type Krisprolls. Pas de panique, ça fait un boucan d'enfer en tournant dans le robot. On y pane ce qui nous passe par la tête. Outre les classiques **blancs de poulet** et **mini-escalopes de veau** (le tout, fariné et passé dans l'œuf battu avant de s'habiller de chapelure, bien sûr), c'est génial avec le **poisson** : petits filets de sole, de lieu, de cabillaud, joues ou queues de lotte... À savoir : la chapelure au curry s'invite aussi parfois, au moment du fromage, à la carte des restaurants normands, où elle enrobe des parts de **livarot** ou de **camembert** pas trop faits, poêlées au beurre et servies avec une salade. Et vous savez quoi ? Ça dépote !

Pour changer un peu : dégainer la pâte de curry dans les **salades de pâtes**. Ça permet de les emmener, à peu de frais, très loin des mélanges vaguement méditerranéens (thon, tomates, olives, basilic...) auxquels on se cantonne généralement. Pour une salade très *world* : bien enrober les *pasta* d'un demi-pot de *curry paste* pas trop *hot* (réchauffé au micro-ondes ou au bain-marie au besoin) ou d'un mélange crème fraîche/pâte de curry.

Compléter avec des lanières de poitrine fumée ou de bacon grillé, des cubes d'avocat citronnés, des noix de cajou ou des pignons poêlés, des raisins secs et plein de coriandre. Quand vous allez sortir ça du Tupperware devant les copains, quel succès !

Idées en vrac : avec de la crème fraîche, dans la **purée de pommes de terre** ou dans les **pommes de terre au four** ; dans l'**eau de cuisson des pâtes** avec une pointe de Tabasco et un filet d'huile d'olive (mettre ensuite une noisette de beurre frais et c'est déjà délicieusement parfumé) ; dans toutes sortes de vinaigrettes sur une base huile d'olive, vinaigre doux, sauce soja, une pointe de curry et de moutarde ; dans la **salade d'endives**, coupées très fin, une vinaigrette à l'huile de tournesol, relevée de moutarde et d'une pointe de curry, avec des échalotes hachées, des pignons de pin et quelques raisins secs ; dans la **choucroute**, arrosée d'un petit beurre citronné, et généreusement poudrée de curry, si on la sert avec du poisson ; sur les **pommes poêlées** au beurre salé, accompagnant une saucisse ou du boudin blanc ; dans la poêle où on fait revenir à sec (avec du curcuma, du paprika, du quatre-épices...) les **cacahuètes** ou les **cajous** de l'apéro, au lieu d'acheter un mélange de graines pimentées tout fait.

Et en dessert ?

Pourquoi pas une petite pincée dans la **compote de pommes**, encore tiède, servie (ou pas) avec une glace vanille ? Ou une petite pointe sur la **banane écrasée** des soirs de flemme ? Et pour finir, un dessert qui déménage vraiment : pocher 6 **poires** pas trop mûres, entières mais pelées, dans une casserole où elles tiennent tout juste, dans 1/2 l de vin blanc sec avec 6 bonnes c. à s. de miel liquide et 1 c. à c. de curry. Après ébullition, cuire à tout petit feu et laisser refroidir dans son jus. Réfrigérer jusqu'au lendemain, servir avec une glace à la vanille, ou mieux, au gingembre.

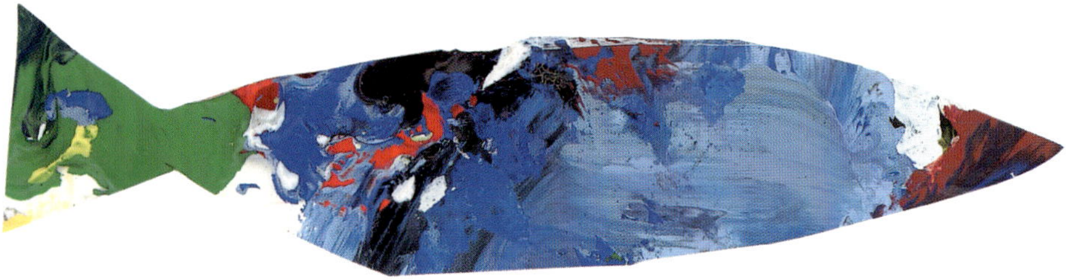

Les Anchois

et

L'Anchoïade

Ah, l'anchois ! (ou plutôt les anchois, l'animal est assez grégaire). Ce petit poisson bleuté argenté vous évoque instantanément la Méditerranée, et les apéros prolongés des vacances, juste interrompus, bien souvent, par la goutte d'huile perfide qui a dégouliné de la bestiole pour atterrir sur votre short en toile beige ou votre tunique pailletée... ? Eh bien, si malgré ça vous les adorez, ces petits filets à picorer, profitez-en pendant qu'il en est encore temps. Est-ce la faute au réchauffement de la planète ? À la pêche intensive au chalut géant ? Ces dernières années, les bancs d'anchois se font rares dans le golfe du Lion. Et même les derniers saleurs de Collioure, dans les Pyrénées-Orientales, des garants de la tradition pure et dure, sont parfois obligés de se fournir nettement plus au nord, voire (ne le répétez pas !) carrément à l'est. Eh oui, l'anchois du Pacifique, vous avez sûrement déjà goûté... sans vous en apercevoir. Passons, on ne voudrait pas vous gâcher le plaisir, mais plutôt vous en faire découvrir d'autres, comme celui de glisser des anchois ailleurs que sur la pizza napolitaine ou la pissaladière. Et par la même occasion, vous suggérer de terminer ce bocal d'anchoïade autrement que sur des tranches de baguette grillée (même si c'est un régal). Pour varier les délices, essayez-les plutôt :

Avec la viande

À part le classique « veau au thon » qu'on a piqué aux Italiens, on n'en connaît pas tellement, sous nos latitudes, des mélanges viande et poisson qui fonctionnent. Sauf que... si vous êtes fan de *vitello tonato*, vous allez adorer les anchois sur la viande. Surtout qu'ils s'entendent avec à peu près tout.

L'agneau, par exemple. Une des pistes les plus simples : on badigeonne la pièce de viande (un **gigot**, une **épaule**, une **selle** d'agneau...) d'un mélange anchoïade/paprika (bien frais, le paprika, pas la flaconnette à laquelle vous n'avez pas touché depuis des lustres), avant de la cuire selon les règles de l'art ou les conseils de son boucher préféré. Dans certains vieux bouquins de cuisine, ça s'appelle l'agneau « à la gitane » (le paprika d'Europe centrale + l'anchois de la Méditerranée ? Allez savoir). On peut aussi, tout bêtement, larder un **gigot** de demi-filets d'anchois en pratiquant des incisions au couteau, comme on le fait avec des gousses d'ail. Et le voilà transfiguré (et également salé, au passage : on n'ajoute pas de sel, ou très peu).

Avec le bœuf, la côte de bœuf dominicale, par exemple. Confectionner une petite sauce crue avec de l'huile d'olive, de l'anchois pilé, un peu d'ail, beaucoup de persil ciselé très fin, du Tabasco ou du piment en poudre... Une variante plus classique : écraser une demi-douzaine de filets d'anchois avec du beurre ramolli et du romarin émietté pour accompagner une grillade de bœuf ou des côtes d'agneau. Encore plus simple : mélanger moitié beurre mou, moitié anchoïade (acidifier au besoin avec quelques gouttes de jus de citron), ça suffit à réveiller un bifteck, genre bavette ou entrecôte. Ou la côte de bœuf dont on parlait à l'instant.

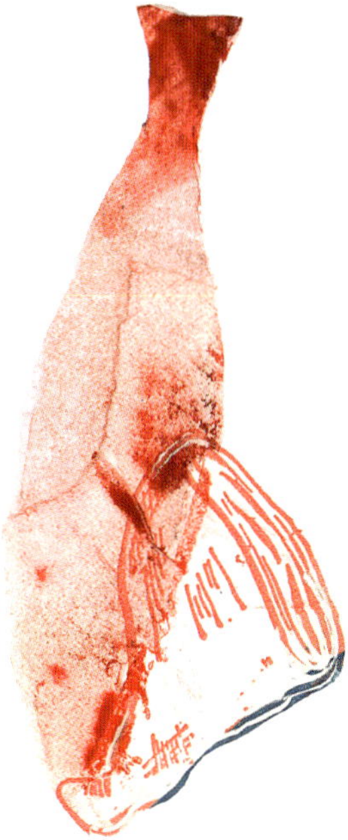

Dans les viandes en sauce.

Ça y est, vous avez pris le pli ? Alors, vous allez en glisser partout, comme les vrais fans, pour donner un truc en plus, insoupçonnable, à vos classiques. Pourquoi laisser un tube de pâte d'anchois ou un bocal entamé s'éterniser au frigo... alors qu'on peut s'en servir pour lier la **sauce de la daube** (attention, là aussi, ça sale) ; relever le petit jus qu'on bricole pour ces **paupiettes de veau** glanées chez le boucher un jour de non-inspiration (plutôt réussie, finalement, cette paupiette-party) ; saler l'**osso bucco**, ou tout autre plat de jarret de veau ; faire parler les invités lors de la prochaine soirée **pot-au-feu** : ah bon, tu sers des filets d'anchois à l'huile, toi, avec le pot-au-feu ? Ben oui, la preuve...

À peine besoin de le dire... Vous penserez aussi à sortir l'anchoïade avec la **viande froide** : le bœuf, évidemment (la **salade de pot-au-feu** du lendemain, avec les carottes restantes, un max de persil et une vinaigrette relevée d'anchoïade), le poulet, l'agneau, le reste de rôti de veau (mélanger l'anchoïade à la mayo). Un dernier truc : après la viande grillée, bouillie, froide, braisée, il vous reste à essayer la viande crue. Faire trancher des **carpaccios** par son boucher favori, préparer une petite sauce avec de la crème ou de la pâte d'anchois allongée de crème liquide et d'une pointe de vinaigre balsamique (au besoin, lier parfaitement le mélange en chauffant à feu doux dans une petite casserole). Laisser refroidir, parsemer la sauce de quelques câpres hachés, étaler sur le carpaccio. Si on préfère, on peut passer le tout 3 minutes au gril du four, comme dans les restos branchés. Ou demander au boucher de découper le carpaccio, pour changer, dans de la noix de veau. Terriblement à la mode... et néanmoins excellent.

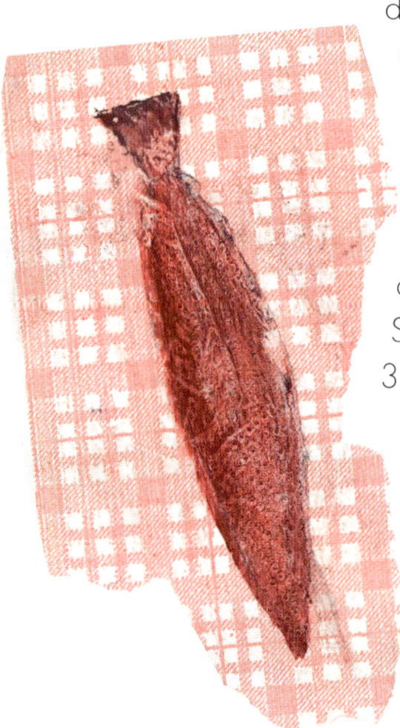

Avec les légumes

Retour de marché, un samedi matin de printemps, avec un cabas rempli de toutes sortes de **légumes primeurs (carottes, céleri, fenouil, courgettes, navets)** ? Cuisez-les à la vapeur, et sortez le bocal d'anchoïade. Délayez-la avec quelques gouttes d'huile d'olive et de jus de citron, versez sur les petits légumes, saupoudrez de persil ou de basilic ciselé. C'est l'inverse de la *bagna cauda*, recette traditionnelle qui consiste à tremper dans l'anchoïade tiédie (dans un poêlon posé sur un petit réchaud, façon fondue bourguignonne !) et bien aillée, surtout, des minilégumes crus.

Avec les poivrons, ça tombe sous le sens. Une petite sauce pour ces poivrons que vous avez cuits au four, puis enfermés dans un sac plastique, puis pelés et épépinés, comme ça se pratique dans les maisons de vacances (qui n'a jamais pris son petit déjeuner estival dans les effluves des poivrons prévus pour le repas de midi...) ? Adieu diététique, on dilue l'anchoïade avec de la crème liquide et, éventuellement, une pointe de vinaigre (si la préparation d'origine en manque). On fouette bien et on déniche, au fond du placard, la saucière de la location. Grand genre, ces poivrons...

Les Anchois et L'Anchoïade

Avec les aubergines, pas trop grosses, coupées en deux dans la longueur : faire une douzaine d'entailles dans la chair. Et dans chacune d'elles, glisser 1/2 filet d'anchois. C'est tout, mettre au four, sur la plaque, à 180°C, de 30 à 45 minutes selon la taille des légumes. Les aubergines en seront toutes chavirées.

On y pense moins pour les légumes d'hiver, évidemment. Et pourtant, essayez donc la vinaigrette à l'anchoïade – de l'huile d'olive, du vinaigre de Xérès, de l'ail, de la moutarde, 1 c. à. c. bien remplie d'anchoïade – sur la **salade tiède de topinambours** (qui font leur grand retour, depuis deux ou trois hivers, sur les marchés branchés). Servez avec une pièce de bœuf grillée, rôtie, ou un gigot. Vous ne regretterez pas la bonne demi-heure passée à préparer ces drôles de tubercules assez cauchemardesques à peler. Beaucoup plus simple : la même vinaigrette, mais sur une **salade de lentilles**, ou sur des **pois chiches** en boîte réchauffés tout doucement à la vapeur.

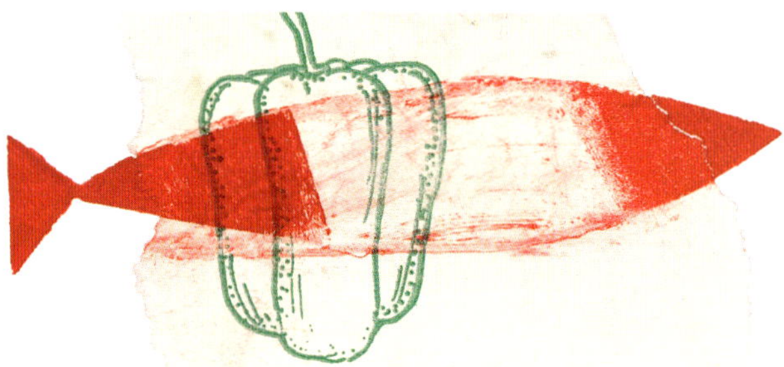

Les Anchois
et
L'Anchoïade

Dans les sauces salade, bien sûr

Relever d'anchois et d'ail les salades vertes puissantes, comme la **scarole** ou la **frisée**. Penser à l'anchoïade (diluée dans un peu d'eau de cuisson des *farfalle*) à chaque fois qu'on se lance dans une **salade de pâtes**, pleine de petits légumes crus en dés et de ciboulette ciselée, par exemple. Un mélange tout bête, mais spectaculaire : salade de pâtes, ail pressé, curcuma pour sa belle couleur jaune vif, et anchois en petits dés... Plus classique : hacher quelques filets d'anchois avec de l'ail et du persil dans la **salade de tomates ou de patates**. Et le jour où on pêche une belle romaine chez le primeur, on s'essaye à la *Caesar salad* qui a conquis le monde entier. Les dizaines de versions recensées ont un point commun, une sauce extrêmement riche : monter une mayonnaise légèrement fluide avec 2 jaunes d'œufs, 2 c. à c. de moutarde à l'ancienne + 2 c. à c. de jus de citron, et de l'huile. Variante bricolo plus légère : de l'anchoïade diluée avec un filet de crème liquide, toujours. Et la salade, dans tout ça ? Une romaine bien croquante, parsemée de croûtons frits aillés, de filets d'anchois, de quartiers d'œufs durs et de copeaux de parmesan. Pas grand-chose à voir avec l'idée de salade verte, c'est vrai (on trouve même des recettes où il faut mettre de la crème fraîche dans la mayonnaise !).

Avec les autres poissons

La vinaigrette à l'anchoïade avec des **rougets grillés**, vous avez déjà essayé ? Oui ? Et sur le **thon à l'ail**, alors ? Trouvez une tranche de 4 cm d'épaisseur (allez passer une semaine à l'île d'Yeu, ça aide), piquez-le d'ail comme un gigot, cuisez-le au barbecue et servez-le avec le bocal d'anchoïade à portée de main. Vous constaterez que l'anchois, bonne pâte, met remarquablement en valeur ses petits camarades.

Avec les pâtes

Parmi des dizaines d'autres recettes de sauces à se lécher les doigts, testez donc les **spaghettis à la chapelure et aux anchois**. Il faut un petit bocal de filets d'anchois (125 g). Faire chauffer de l'huile d'olive avec un peu d'ail, sans laisser noircir, ajouter les anchois égouttés et ciselés. À feu doux toujours, remuer avec une cuiller en bois et attendre que ça fonde. Pendant ce temps-là, cuire un paquet de spaghettis. Les verser dans le plat de service, ajouter du persil ciselé, de la chapelure, et enfin la sauce, allongée avec un peu de jus de cuisson des pâtes. Encore plus explosif si on arrive à dénicher – chez l'épicier italien ou espagnol – ces sortes de « Krisprolls » déjà puissamment aillés et persillés, dont on réduit 2 ou 3 exemplaires en chapelure au robot.

Ou bien les **pâtes aux brocolis et aux anchois**. On cuit des fleurettes de brocoli à la vapeur. On fait dorer de l'ail en lamelles dans l'huile d'olive, sans le brûler. On le retire ou on le laisse, c'est comme on veut, puis on ajoute quelques anchois qui se défont dans la sauce. On verse sur le mélange pâtes/brocolis, et voilà... Parmesan ? Bienvenu, mais pas obligatoire.

Et aussi :
Les **œufs** : farcir les **œufs durs** de leur jaune écrasé avec de l'anchoïade, c'est un classique. Tartiner d'anchoïade de l'**omelette froide** cuite recto verso et coupée en gros dés. On ne sait pas si c'est répertorié comme « tapas », mais ça fonctionne (y compris avec la tortilla sous cellophane, de plus en plus en référencée dans nos supermarchés). Tartiner d'anchoïade les mouillettes des **œufs à la coque**, c'est carrément génial.

Les **gratins de pommes de terre** : vous le saviez, que les Suédois glissent quelques anchois dans leur version – bien crémée également – du gratin dauphinois ? Il paraît même que le plat répond au nom étrange de « tentation de Jansson ». À petite dose (compter 6 filets pour 1 kg de patates) et avec un bon gigot, ça vous fait un dîner dont on n'a pas fini de parler.

Mais qu'est ce qu'on achète, au juste ?

Des anchois au sel : visuellement irrésistibles, roulés dans leur bocal, ce sont ceux qu'on vous recommande en général dans les recettes des livres ou des magazines. Parce que c'est le top du top, fabriqué avec les plus beaux spécimens ? Renseignements pris, pas forcément. Ce sont surtout les préférés des pros, qui savent les dessaler à leur guise. Si vous n'êtes pas, comme eux, rompus à la manœuvre (rinçage sous un filet d'eau ou trempage, selon grosseur, puis essuyage), préférez-leur les anchois à l'huile.

– **Des anchois à l'huile.** Attention, qu'ils soient en boîte ou en bocal, ce sont des semi-conserves : garder impérativement au frais et respecter la DLC. Une fois égouttés, ils conviennent parfaitement pour tout ce qu'on vous suggère dans ce chapitre.

– **De la pâte d'anchois** (95 % d'anchois broyés + de la saumure), ou de la crème d'anchois (80 % d'anchois + de l'huile + du sel) : de l'anchois « nature », donc, mais déjà broyé, parfait à utiliser en cuisine. C'est ce que vendent les saleurs aux fabricants pour élaborer l'anchoïade et ses dérivés, mais parfois on en déniche au supermarché. La plus joliment emballée ? La Balena, la marque à la baleine, dans les épiceries italiennes.

– **De l'anchoïade :** en version industrielle ou semi-industrielle, elle répond aux normes suivantes : 50 % d'anchois, 20 % d'huile, de l'ail, des olives, des tomates (en option), des épices, des aromates... et des liants divers et variés. Une excellente version ? Celle de chez Desclaux, dans les épiceries fines.

– **De la crème d'anchoïade :** c'est ce qu'on trouve, en verrine ou en tube, dans les rayons du supermarché, dans les parages du tarama industriel et du saumon fumé rose suspect. Attention, dans cette espèce de pommade beigeasse, il n'y a plus que 35 % d'anchois… et des liants non identifiés…

À retenir : les deux noms qui comptent dans le petit monde (de plus en plus petit) de l'anchois *made in France* : Roque (04 68 82 04 99) et Desclaux (04 68 82 22 85), les deux derniers saleurs de Collioure. Un bocal griffé d'un de ces deux noms-là, ça s'achète les yeux fermés. Et ça se déguste avec une rare bonne conscience, et l'impression de lutter contre la délocalisation galopante…

le citron
confit

C'est toujours la même histoire. À moins d'avoir des racines du côté du Maghreb, on fait généralement leur connaissance le jour où on se décide (au retour de Marrakech ?) à cuisiner un tajine de poulet « comlâbbhadî ». Au marché, le vendeur est tout sourire, on lui prend une recharge de cumin, une minuscule et ruineuse boîte de safran (« tenez, goûtez aussi mes olives cassées piquantes »), et puis bon, on ne va pas être mesquin et se contenter du spécimen indiqué dans la recette. Des citrons confits ? Va pour 5 ou 6. Avec leur saumure, bien sûr, que le marchand verse à la louche dans un petit sac plastique qu'il ferme avec un nœud, façon poisson rouge gagné à la fête foraine. À partir de là, il y a deux options : 1) le sac explose dans le chariot de courses (écrasé par un pack de bouteilles de lait, répandant de l'eau salée et citronnée partout ; 2) l'ensemble de la marchandise arrive à bon port, le tajine est un triomphe... et on se retrouve à la tête de quelques agrumes superflus barbotant dans la saumure. Contrairement aux yaourts, pas la moindre DLC pour nous sauver la mise. Leur durée de vie étant quasi illimitée tant qu'ils restent immergés (si la saumure vient à manquer, tasser au maximum et compléter avec du jus de citron), leur présence au réfrigérateur peut devenir quasi hostile, nous renvoyant à nos propres insuffisances : manque de temps, d'inspiration, de compétences. Pour que nos amis les citrons *beldis* – comme on les appelle aussi – ne fassent plus jamais tapisserie sur la clayette du bas, on va vous faire partager nos (modestes) trouvailles. En vous rappelant la règle de base : dans les sauces, les salades, etc., utiliser le zeste, haché menu généralement. Mais pour parfumer un plat en cocotte, se contenter de les couper en quarts, ou en moitiés. Voilà tout. À partir d'aujourd'hui, goûtez-les donc aussi :

Avec les légumes

Avec les **aubergines grillées** ou mieux, **confites au four en petits dés** (3/4 d'heure à 200 °C, salées, poivrées, huilées et agrémentées d'éclats d'ail). Inutile de se répandre en commentaires, tellement l'alliance est magique, évidente, idéale. À la sortie du four, on parsème de petits dés de citron confit, et de coriandre ciselée, généreusement, ou de persil, cumin, paprika). On mélange, on laisse tiédir, on mange tout de suite... ou 3 heures plus tard, bien frais, c'est comme on préfère.

La **ratatouille maison**, elle aussi, a tout à gagner de la fréquentation du citron confit. Surtout si on s'est légèrement emmêlé dans les proportions et qu'elle est un peu anodine. Surtout si on n'a pas eu le courage de cuire tous les légumes séparément comme le recommandent les livres de recettes (mais qui a le temps de faire un truc pareil ?). À quel moment elle entre en scène, notre arme secrète ? Cinq minutes avant la fin de la cuisson à la sauteuse ou au four, en même temps qu'une bonne poignée de coriandre. Un truc pour raffiner ? Dans une ratatouille bien asséchée à feu vif, on verse le mélange suivant : l'écorce de 1 citron confit en petits dés, mixée avec 3 c. à s. de jus de citron et une pincée de sucre. Coriandre à volonté. Le conseil marche aussi pour relever la **ratatouille froide** du lendemain, bien sûr...

Sur les **pois chiches, haricots blancs, lentilles et autres légumineuses** en salade tiède ou froide. Les réveiller avec l'acidité du citron, qui contrebalance leur côté farineux. Échalotes, coriandre ciselée et cumin moulu participent à l'entreprise, bien entendu. En option : des petites olives noires, du genre niçoises...

Ou sur des légumes tout ce qu'il y a de plus verts : des **asperges** par exemple, poêlées à feu très doux dans un mélange beurre/huile d'olive ou coupées en tronçons et cuites à l'étuvée (avec le couvercle) dans un fond de bouillon de volaille. À la fin, on ajoute du citron confit patiemment découpé en petits dés dans la sauce. Attention côté dosage : avec ces grandes délicates d'asperges, il faut avoir la main légère.

Dans la salade de **haricots verts**, avec des échalotes et ce que vous voulez comme herbes (cerfeuil, estragon, pour changer...) et comme sauce (une vinaigrette à la tapenade, par exemple). Dans la salade de **fèves fraîches** aussi, si tant est que vous vous lanciez parfois dans un truc pareil, écossage et épluchage inclus.

Autres partenaires de choix : des petits **fenouils en lamelles**, qu'on fait revenir à l'huile d'olive, sur feu

vif. On sale, on ajoute du citron confit en petits dés, on baisse le feu et on laisse cuire et caraméliser (1/4 d'heure). Avec un pavé de saumon ou de cabillaud rôti, c'est parfait.

Même conseil, mais pas tout à fait même méthode, avec les petits **artichauts poivrades**. Une fois qu'on a paré et citronné les artichauts selon le procédé habituel (toujours un peu longuet, mais le résultat en vaut la peine), les plonger, coupés en deux, dans un fond d'eau et d'huile d'olive relevé de grains de coriandre et de laurier. Ça bout ? On baisse le feu, on couvre, et on cuit pendant 1/2 heure environ. À la fin, on ôte le couvercle, on glisse de vrais quartiers de citron confit et on laisse évaporer le liquide et caraméliser légèrement. Ajouter éventuellement des petites patates, des olives noires, façon tajine végétarien... Ça marche aussi très bien avec une salade de poivrades crus taillés en lamelles extra-fines, pleine d'oignons frais, de coriandre et d'ail. Parsemer de citron confit, assaisonner d'huile d'olive et d'un zeste de citron, laisser mariner un peu.

Ou des **légumes rouges**, comme les **tomates** (oui, oui, on sait que ce sont des fruits, en fait) ou des **légumes orange**, comme les **carottes**. Les tomates ? Glisser des petits dés de citron confit dans les **salades oignons crus + poivrons crus + cubes de tomates + coriandre et persil à volonté** dans lesquelles on se lance parfois inconsidérément l'été (exquis, mais pas follement digeste). Ou dans un **carpaccio de tomates** « rares » (un must du moment), ou encore une **compotée tiède d'oignons/tomates et laurier**, bien asséchée au four. Les carottes ? Cuites en rondelles, *al dente*, dans un fond d'eau et d'huile d'olive, puis assaisonnées d'huile d'olive + harissa + ail + épices (cumin, cannelle, paprika) + coriandre fraîche. Un petit citron confit émincé sur tout ça, c'est oriental aussi, mais ça change des carottes « au miel et à l'orange ».

Avec les viandes

Dans les **faux tajine minute**. Du « vrai » poulet ou agneau à la marocaine, avec une kyrielle d'épices et de légumes ? Vous ne vous lancez pas là-dedans tous les jours. Mais libre à vous de vous inspirer de ces classiques du Maghreb dans d'autres préparations de viande ou de volaille. Exemple : glisser le petit hachis de citron habituel dans un **sauté de veau ou de lapin « pifomètre »** (à l'huile d'olive, avec quelques oignons, mouiller avec un peu de vin blanc ou de muscat, couvrir, ajouter des olives violettes à la fin, en même temps que le citron) ; dans des **mignons de veau à la sauge** (les dorer à la poêle avec des rondelles de citron confit et des feuilles de sauge). Réserver, dégraisser la poêle, déglacer avec du vermouth, puis réchauffer quelques minutes dans cette petite sauce extra. Ça marche aussi avec un bête **rôti de porc au romarin**, qui mijote en cocotte avec de l'ail, du jus de citron et des quartiers de beldis. Conseillé : servir tout ça avec de la polenta, qui équilibre l'amertume du citron.

Au rayon boucherie toujours, se souvenir du bocal de citrons confits quand on se lance dans des **boulettes** : hachés en julienne (les petits dés de tout à l'heure, ça s'appelle ainsi), voilà une matière assez intéressante qui apporte un zeste de croquant auxdites boulettes. Un mélange qui fonctionne : malaxer de l'échine de porc (700 g) hachée par le boucher avec 1 œuf, plein de coriandre, des beldis et des pimientos (conserves de poivrons doux d'Espagne ou du Pays basque, qui se trouvent assez facilement. Sinon, remplacer par des tomates séchées). Assaisonner à sa guise, former des boulettes, les rouler dans l'œuf battu, puis dans la chapelure.

Avec les poissons

Le **tartare de saumon** avec une petite pointe de citron confit, c'est pas mal du tout. La **dorade** au citron confit, quant à elle, est un classique marocain qui fonctionne toujours, sans qu'il y ait besoin de sophistiquer la chose. La saler et poivrer, saupoudrer de cumin, la coucher dans un plat huilé sur un lit de rondelles de citron, en remettre dessus et dedans si on veut, l'entourer d'ail en chemise, de coriandre en grains, arroser d'un mélange jus de citron/huile d'olive, glisser à four moyen (200 °C) sans oublier d'arroser en cours de cuisson. Et basta. (Si on ajoute des tomates, ça devient souvent flotteux, et la sauce se dilue.)

Pas mal aussi avec du **thon**, de la **lotte**, des **calmars**. Attention, vous n'obtiendrez pas le même résultat que dans les restaurants à la mode. Les chefs – c'est leur job – préfèrent confire eux-mêmes leurs citrons au fur et à mesure, plutôt que de les pêcher dans un bocal. Ils sont blanchis dans plusieurs eaux pour éliminer l'amertume, puis souvent cuits dans un sirop de sucre léger, pour atténuer leur acidité. Ensuite, la plupart des cuisiniers adorent les mixer avec de l'huile d'olive, du jus de citron, de la ciboulette, du piment d'Espelette, des dés de tomates ou de poivrons. Au final : une petite sauce pleine d'esprit, dont on peut s'inspirer pour arroser des **calmars grillés,** des **tronçons de lotte poêlés**, du **thon à la plancha**, et tout ce que vous imaginerez dans ce registre-là. À copier aussi, le condiment vedette des premiers temps du Spoon, le restaurant parisien d'Alain Ducasse : des raisins secs poêlés, des pignons itou, qu'on pilonne avec du citron confit et quelques câpres.

Ne pas oublier non plus : acheter des beldis au marché, dans tous les lieux de vacances où l'on prépare des **coquillages**. La méthode ? Simplissime. Faire revenir des petits oignons frais (vert compris), et de l'ail haché dans l'huile d'olive. Puis y faire ouvrir des **coques**, des **palourdes**, ou un mélange des deux, avec un citron confit entier fendu en croix (ou un hachis d'écorce, mais attention au dosage, ça ne doit pas piquer la vedette aux coquillages). Parsemer de coriandre, si on en a trouvé. Ou de persil, dans le cas contraire.

Le citron confit accompagne à merveille les **pâtes** ou le **risotto**. Il suffit d'en mixer avec un peu d'huile d'olive, de filtrer à la passette si on est perfectionniste, de faire chauffer dans une petite casserole et d'incorporer quelques cuillerées de crème fraîche (oui, oui, c'est permis, dans ce cas précis). Éviter de faire bouillir, surtout.

Mélanger cette sauce onctueuse avec des pâtes fraîches, de préférence (**tagliatelles**, **gnocchis**) ou s'en servir pour lier le **risotto**, à la dernière minute. Basilic bienvenu.

On termine par le plus simple et le plus évident : la **vinaigrette** et la **mayo**. La vinaigrette du **poisson froid** (cabillaud vapeur effeuillé, tomates confites, cœurs d'artichauts cueillis dans le congélo), ou celle de la salade de **raie tiède** (avec des tonnes de persil, des câpres et des échalotes).
Quant à la mayonnaise, même topo : on y pense pour un reste de **bar froid**, pour le **tourteau** ou les **bulots**, et pour pas mal de **salades de pâtes**, notamment si elles contiennent du thon. Eh oui, à ce rythme-là, on a bientôt terminé le bocal...

Ça vaut le coup de les faire maison ?

Oui et non, enfin, « oui mais », on s'explique. Oui parce que... vous les choisirez bio, ce qui n'est pas le cas du tout-venant de la production, même si le trempage prolongé, paraît-il, dissout les pesticides et résidus divers. Oui parce que... les vraiment bons, ceux des épiceries fines, sont aussi vraiment chers, car sophistiqués par la présence d'herbes et aromates. Laurier, coriandre en grains, poivre noir, clous de girofle, vous glisserez tout ça vous-même dans le bocal, en compagnie des agrumes. Oui et non parce que... c'est simplissime en théorie, mais jamais 100 % garanti. On s'en voudrait, si les vôtres se couvraient d'une légère couche de moisi. Pour éviter ça : le choix du bocal est primordial. Les citrons doivent y être tassés, serrés comme des sardines. Il doit fermer hermétiquement, être bien propre et sec ou encore mieux, stérilisé. Une recette approuvée par nos soins ? Couper délicatement chaque citron (rincé et essuyé) en croix dans la longueur, sans désolidariser les quartiers. Glisser du gros sel dans les fentes (environ 1 c. à s. par citron). Bien tasser les fruits dans le bocal (c'est le moment d'aromatiser, mais attention, une feuille de laurier un peu humide peut faire capoter toute l'affaire). Recouvrir d'eau bouillie tiédie, en rajoutant 1 c. à s. de gros sel. Glisser au frais (cave ou frigo) pendant 3 semaines. En vérifiant régulièrement que « ça baigne » toujours intégralement (sinon, ajouter du liquide, eau, huile d'olive ou jus de citron). Au bout de 3 semaines : on essaie tout ce qui précède.

La coriandre

Il n'y a pas si longtemps, le rayon « herbes aromatiques » du marchand de fruits et légumes était d'une tristesse désolante. On n'y trouvait couramment qu'un seul représentant de l'espèce : le persil qui, à l'époque, poussait forcément frisé. « Pouic, pouic », faisaient les ciseaux de nos mères quand elles le découpaient dans un verre, avant d'en disposer parcimonieusement sur les pommes vapeur qui accompagnaient la sole – ou la roussette – du vendredi. Aujourd'hui, chez le primeur branché du quartier, non seulement le persil s'est offert une séance de défrisage – ça tombe bien, il est beaucoup plus parfumé comme ça – mais voici que sa cousine exotique, la coriandre, s'invite presque aussi souvent que lui dans nos cabas. La faute aux chefs, bien sûr. Ces derniers temps, on croise sur les cartes en vogue des « chantilly de coriandre » avec des tartares de poisson nouvelle vague, tandis qu'Hélène Darroze concocte du poulet coriandre « farci sous la peau », probablement à se damner. Vous l'aurez compris, on ne va pas se lancer dans ce genre d'exercice. Mais juste explorer plus avant l'incroyable « effet coriandre ». Késako ? Appelée aussi « persil arabe » ou « persil chinois », la coriandre au goût puissant, musqué, immédiatement identifiable, a le don de vous transporter très très loin en moins de temps qu'il n'en faut pour hacher une demi-botte. Très loin vers l'est, du côté de la Chine, de l'Inde, de la Thaïlande, ou carrément au sud, direction le Maghreb. Cela dit, il serait dommage de la confiner à ces recettes à 36 ingrédients qui se préparent dans un wok (poêlées de légumes & Cie) ou mijoter dans un tajine (kefta, boulettes, etc.). La coriandre, quand on l'aime, on prend vite l'habitude d'en glisser partout, y compris dans la salade verte ou toutes sortes de plats franchouillards. Dépaysement garanti : l'« effet coriandre », c'est magique. Et on le prouve. Tenez, essayez-la donc...

Avec les légumes

Les **carottes**, bien sûr, sous toutes leurs formes. Une poignée de feuilles sur la **purée**, et on n'a plus l'impression d'avaler du petit pot pour bébé ; 1/2 botte ciselée sur les **carottes râpées** (bien relevées d'ail, et assaisonnées d'huile d'olive/jus de citron ou jus d'orange), et ce hors-d'œuvre des familles devient tout de suite plus sexy. Conseillé : ajouter à l'affaire un peu de coriandre en grains qui, comme les carottes, croqueront délicieusement sous la dent. Efficace aussi avec des **carottes en rondelles**, dorées à l'huile d'olive, salées-poivrées, puis cuites à feu doux et à couvert dans un fond d'eau. Laisser refroidir, et ajouter du jus de citron et des feuilles de coriandre. À déguster en salade. Variante : des carottes braisées à la cocotte, dans du jus de citron ou d'orange, avec de la coriandre fraîche et des grains de coriandre.

Dans le même registre, le hachis de coriandre est conseillé sur la **soupe au potiron**. Elle évitera ainsi de sombrer dans le registre du douceâtre, dont, sans cela, elle n'est jamais très éloignée. Et pour changer du trop attendu basilic, essayez-la donc sur les **poivrons grillés marinés**.

Avec les lentilles : que la coriandre soit la meilleure amie de la lentille, on n'en doute pas. Les livres de cuisine exotique regorgent de recettes de ragoûts de lentilles épicés (variations sur le dal du restaurant indien). Alors, pourquoi ne pas en glisser dans la **salade de lentilles tiède**, ce classique bistrotier qu'on peut revisiter de mille manières ? Exemple : avec une vinaigrette type balsamique, huile de noix, sel et poivre. Disposez par-dessus des lamelles de poisson fumé (du haddock ou du thon). Parsemez généreusement de coriandre ciselée. Variante : des lentilles vertes (des « Lunor » sous vide, si vous manquez de temps), des lardons poêlés, des cubes de gouda vieux, et un peu de coriandre pour emballer l'affaire.

Au rayon « classiques franco-français », pensez à chahuter la traditionnelle **salade Potoff**. Celle qu'on confectionne le lendemain, avec les restes de viande et de légumes du **pot-au-feu**. Surtout s'il y a encore plein de **navets**. Parce que coriandre plus petits navets, c'est quelque chose...

Sur les haricots verts en salade assaisonnés avec de l'huile d'olive et du jus de citron, plein d'échalotes. Enrichir le tout de champignons crus émincés. Parfait avec un pavé de cabillaud vapeur (prononcer « morue fraîche »), ou autre mets aussi « caloriquement correct ».

Dans le guacamole maison : purée d'avocats + oignons frais + citron + Tabasco + coriandre. D'ailleurs,

dans le guacamole du supermarché, ça ne peut pas faire de mal non plus. De toute façon, dégainez la coriandre avec les **avocats** en général : assaisonnés d'une petite sauce avec du jus de citron (vert, de préférence), très peu d'huile, une lichette de miel liquide, du sel, du piment de Cayenne ou du Tabasco, des oignons frais hachés et plein, plein de coriandre, ça vous change de ceux de la cantine !

Avec les courgettes. Un frichti qui fait recette : courgettes sautées à l'huile d'olive avec ail et oignon, puis mixées en purée pas trop lisse, relevées d'un filet de jus de citron. Ajouter un maximum de coriandre, laisser refroidir. Servir avec des crevettes sautées ou du thon grillé.

Et tout simplement, sur les **pommes de terre sautées**. Une idée lumineuse qui nous vient d'un pays pas si éloigné, mais terriblement exotique en matière de cuisine : le Portugal. Contrée où l'on agrémente aussi de coriandre fraîche le riz (voir ci-contre) et les délicieuses **fèves au lard**. Autre idée à piquer aux Portugais ? Parsemer de coriandre et de zeste de citron râpé une belle ventrée de **coques**, ouvertes dans un fond d'huile d'olive aillée. Et verser le tout sur les spaghettis...

Avec le riz

Le riz, tous les riz, les soupes de riz, les ratas de riz, les pilafs à ce que vous voulez : ça fonctionne à coup sûr. Quelques pistes :

Du riz au vert. Là, ce qui importe, c'est de ne surtout pas avoir la main légère : ciseler carrément 2 bottes de coriandre (pour 6 personnes) dans un saladier de riz thaï ou basmati. Avec des travers de porc sauce barbecue, c'est grandiose. Autre version, plus sophistiquée, mais encore meilleure : ébouillanter 2 ou 3 bottes de coriandre (selon leur taille) 3 minutes à l'eau bien salée. Rincer à l'eau froide, égoutter à fond en les pressant dans du papier absorbant. Mixer avec une demi-brique de crème liquide (10 cl). Mélanger avec le riz. Et s'en lécher les doigts...

Du riz quasi cantonais. Cuire au micro-ondes un sachet de l'excellent riz basmati que Monsieur Picard Surgelés a eu la géniale idée de commercialiser récemment. Faire chauffer de l'huile neutre dans une sauteuse, faire rissoler des oignons hachés, verser le riz, 2 ou 3 œufs battus, remuer vigoureusement, ajouter des dés de jambon, des crevettes, des petits pois (sortis du congélo également), quelques gouttes de sauce soja, un soupçon de piment. Quand tout est chaud, verser en pluie la coriandre

ciselée. Et voilà, encore un repas familial d'assuré, à la satisfaction générale.

Du risosoupe. C'est un truc hybride, à mi-chemin entre le potage paysan et le risotto élégant. Et ça vous sauve brillamment la mise les dimanches soir d'hiver, quand les copains passés pour le thé s'incrustent pour le dîner. Mode d'emploi pour 6 : on porte à ébullition 2 litres de bouillon de volaille, et on y fait cuire 300 g de riz à risotto (arborio, vialone...). Puis, hors du feu, on incorpore : 2 jaunes d'œufs battus dans une louche de bouillon, un bon morceau de beurre, 1 botte de ce que vous savez, finement ciselée, du parmesan râpé et du poivre. Au finish, c'est délicieusement velouté et ça se sert bouillant dans des assiettes creuses.

Dans les sauces, les marinades et les vinaigrettes

Piments, tomates, ail, oignons, épices, yaourt... vous avez sûrement dans vos placards des partenaires de choix pour notre vedette du jour. Ce qui vous permettra de transfigurer à peu près n'importe quelle grillade (de légumes, de poisson, de volaille).

Les grands classiques

La chermoula : les amoureux du Maroc vous en parlent avec des sanglots dans la voix. Ah, la *chermoula* ! Ah, la saveur inimitable des poissons qu'on déguste dans les gargotes d'Essaouira ! Ingrédients de base : pour un grand verre d'huile d'olive, compter 4 gousses d'ail écrasées, le jus de 1 citron, 1 c. à c. de cayenne, 1 c. à c. de cumin en poudre, 1 petit piment rouge épépiné, un botte de coriandre ciselée, et une pincée de sel. Mélanger et y faire mariner des morceaux de poisson ou des blancs de poulet, 1 heure, 2 heures, 1 nuit si possible. Avant de les griller au four ou au barbeuk. On peut aussi en farcir des poissons entiers, des dorades ou des rougets : la chermoula, ça se mange chaud ou froid. Génial également : y faire revenir des lentilles tièdes quelques minutes, pour finir de les cuire.

La salsa verde : avec un nom pareil, elle serait plutôt latino-mexicano-quelque chose. Pas besoin de le savoir pour s'en régaler avec des pavés de thon ou d'espadon grillés. Pour 4 pavés : hacher finement 6 oignons frais, 3 gousses d'ail, 2 petits piments verts épépinés, 1 botte de coriandre. Ajouter 1/2 verre d'huile d'olive, le jus d'un citron, plus un peu de zeste râpé, si on a le courage.

Les sauces plus « bricolo »

Bricolo certes, mais quasi inratables, elles finiront de vous convaincre qu'on a toujours besoin de 1 botte de coriandre dans son bac à légumes.

Une sauce light : fromage blanc, cumin en poudre, ail pressé, sel, poivre, et coriandre ciselée. Particulièrement convaincant (et diététique) sur des aubergines grillées.

Une sauce « à l'indienne », façon raïta : 2 yaourts veloutés ou 1 yaourt grec, 3 gousses d'ail hachées, le jus de 1 citron, sel, poivre (ou un piment vert épépiné et haché), 1 bouquet de coriandre. On peut ajouter du gingembre haché, de la menthe. Mixer finement, jusqu'à ce que votre robot demande grâce. Servir avec une viande froide (de l'agneau, c'est parfait) ou avec des blancs de poulet tandoori (faits maison, avec la *tandoori paste* du bocal).

Une vinaigrette : un petit verre d'huile d'olive, le jus de 1 citron, de l'ail écrasé, des amandes ou des cacahuètes pilées (en option), plein de coriandre, du sel et du Tabasco. Marche très fort sur les salades composées, garnies d'avocat, de crevettes, de soja, de carottes...

Et même en dessert...

Comment ça ? Tout coriandrophile que vous soyez, ça ne vous dit rien, cette mode des desserts à base de légumes et assimilés ? On vous approuve à 200 %, mais... avec la coriandre, c'est pas pareil. En quelques coups de ciseaux, vous bricolez un dessert vraiment bluffant : une **soupe d'ananas**, tout simplement. Pour un ananas standard (ou deux petits Victoria) : détaillez le fruit en cubes ou en éventails, versez dessus 2 à 3 c. à s. de bon rhum blanc, enflammez de quelques gouttes de Tabasco, goûtez, sucrez à votre convenance, et ciselez très finement 2 c. à s. de coriandre, pas plus, pour une fois. Un délicieux goût de revenez-y ? La prochaine fois, pour varier les plaisirs, remplacez le rhum par du kirsch (vous avez bien une mignonnette quelque part ?) et découpez aussi en rondelles, sur cette salade de fruits grandiose, une tige de citronnelle, débarrassée de ses feuilles dures. Explosif. Version sans alcool : **une salade d'oranges**, cette fois, assaisonnée de citron, de Tabasco, de coriandre bien sûr, et d'une pointe de gingembre râpé. Eh oui, ça change de la cannelle...

Le mascarpone

Dans la catégorie « spécialités laitières italiennes » ayant récemment investi les rayons de nos supermarchés, il détient la palme. La palme du gras, du moelleux, du régressif, du culpabilisant. Normal, ce fromage frais est fabriqué à base non pas de lait entier, mais de crème ! Crème que l'on fait cailler, chauffer, et que l'on fouette vigoureusement, pour obtenir ce goût un tout petit peu aigrelet, et cette texture incroyablement dense, lisse et onctueuse. Avec ses 50 à 70 % de matière grasse (notre bonne vieille crème fraîche n'en contient que 40 % maxi), il fond dans la bouche, mais surtout, comme il n'est pas destiné à être englouti à même le pot, on s'en sert pour donner, quasi miraculeusement, du « corps » à toutes sortes de mets. Pour les Italiens, et pour pas mal de chefs, c'est un produit de base, comme le beurre ou la crème de ce côté-ci des Alpes. La règle à respecter : même s'il est destiné à être chauffé (doucement) ou glissé dans une préparation chaude, on le conserve toujours bien au froid, pour éviter qu'il tourne. À part ça, vous allez voir, il n'est pas forcément consigné au frigo en attendant qu'on ait le temps de se lancer dans un vrai tiramisu maison, ce nouveau must des dîners à la page. Si on veut s'en faire un nouvel allié, on y pense pour :

Transfigurer la soupe (de tomate, de potiron, d'épinard...). L'idée, c'est de ne pas flanquer le mascarpone à la louche dans la soupière, mais de mouler délicatement, à la cuiller à soupe, une quenelle bien crémeuse, qu'on dépose dans chaque assiette creuse. Complétée de quelques brindilles de ciboulette ou pluches de cerfeuil, voilà du potage maison qui en jette. La quenelle de mascarpone ? Beaucoup plus facile à réussir que la virgule de crème fraîche, qui nécessite quelques années d'école hôtelière.

Terminer de lier le risotto. Vous pensez qu'il l'obtient du premier coup, le cuisinier italien lambda, la consistance parfaite, liquide et moelleuse à la fois ? Et vous croyez qu'il ajoute quoi, quand il n'a pas tout à fait réussi son coup ? Attention : ça ne rattrape pas l'erreur courante (y compris dans les restos pseudo-chic), à savoir le riz trop cuit !...

Confectionner une petite sauce de carpaccio qui change : du mascarpone, des câpres, plus quelques gouttes de leur saumure pour détendre la mixture, des oignons frais ou des échalotes hachés très fin, du sel, du poivre, un peu de thym frais ou de marjolaine (un jour de chance au marché, peut-être ?), et voilà le travail. Au sujet du carpaccio, voir aussi les chapitres « anchois », « pesto » et « vinaigre balsamique ».

Imaginer toutes sortes de dips et pâtes à tartiner : c'est une base à la consistance parfaite, qui change du fromage blanc ou des « spécialités fromagères » type Chavroux ou Saint-Moret. Mélanger du mascarpone à des chutes de saumon fumé haché, assaisonner de sel, poivre, citron, fines herbes... Sans saumon, mais avec plein d'herbes, en farcir des petites tomates cocktail. Avec de l'huile de noix, des noix hachées et un soupçon de bleu, ça se défend pas mal non plus.

Faire des boulettes surprise pour l'apéro. C'est la suite logique... Enfouir des œufs de saumon dans le mascarpone, puis façonner sous sa paume des petites billes (la texture est impec, c'est assez jouissif. En fait seul le prix des œufs de saumon vous empêche d'en confectionner des brouettes). Rouler ensuite les billes obtenues dans les fines herbes. Explosion garantie en bouche. Vous trouverez forcément des variantes...

Côté dessert

Rééditer le coup de la quenelle... avec les **compotes** maison. Parfait sur les compotes un peu acides comme l'abricot ou la rhubarbe. Ou la **rhubarbe/fraises** au micro-ondes puissance maxi (10-15 minutes pour la rhubarbe épluchée et coupée en bâtons, dont les trois dernières minutes en compagnie des fraises).

Se régaler de fausses **tartines au tiramisu** pour le goûter. Du pain, du mascarpone saupoudré d'un bon cacao amer et de sucre, voilà de quoi oublier que c'est l'hiver et qu'il fait nuit à 16 heures.

Faire croire qu'on l'a fait soi-même. Un bon **sablé** individuel de chez le boulanger par invité, tartiné généreusement de mascarpone sucré au sucre glace et vanillé avec les petites graines de la gousse. Disposer harmonieusement des **framboises** dessus, et c'est plus que parfait. Avis aux amateurs : le mascarpone se marie très bien avec les alcools blancs, on peut donc glisser dans la crème quelques gouttes d'eau-de-vie de framboise ou de poire...

Réussir la plus simple (mais pas la plus mauvaise) des **tartes aux fraises**. Sur une pâte cuite à blanc (la sablée Picard tient la route, comme vous le savez sans doute), on étale le mascarpone sucré et vanillé : la boîte de 250 g y passe, avec 50 g de sucre glace et le contenu d'une gousse de vanille. Après, faire comme d'habitude : disposer les fraises et glacer la tarte avec de la gelée de groseille ou de framboise chauffée avec un chouïa de jus de citron. C'est quand même plus XXIe siècle que la crème pâtissière, non ? Et ça marche aussi avec les framboises, ou un mélange fraises/framboises, bien sûr.

Donner du peps à tous les **fruits rouges**. Et si justement, pour changer de la chantilly, vous essayiez la **crème de mascarpone au citron** ? Fouetter le contenu d'une boîte de mascarpone avec 3 c. à s. de lait, ajouter le contenu de 1 gousse de vanille (les petites graines) et le zeste de 1 citron, râpé. Réfrigérer et servir très très froid, avec des fraises équeutées et légèrement sucrées. Rien à voir avec des fraises à la crème ordinaires.

Rafraîchir les **fruits poêlés ou rôtis** : soit avec la fameuse petite quenelle de mascarpone sucrée, soit avec la crème de mascarpone au citron vanillée (cf. ci-dessus). Très efficace avec les fruits d'automne et de fin d'été, les **poires au vin** encore tièdes, les **figues** fendues en quatre et **rôties au four** (15 à 20 minutes à 180 °C) dans un moule beurré, saupoudrées de sucre et arrosées de marsala, les **abricots** (surgelés, hors saison) **rôtis** avec du beurre, du sucre et des amandes effilées (15 minutes à 180 °C), ou **poêlés**, l'été, dans du beurre et du sucre, avec une branche de romarin.

Amaretti : biscuits italiens gorgés d'amandes (avec une pointe d'essence d'amande amère). Vendus en boîtes ou à la pièce, dans de jolies papillotes, dans les épiceries fines. Les choisir assez secs, pour les émietter dans des crumbles, sur un fond de tarte, des fruits rôtis...

Bricoler des **faux tiramisus déstructurés**, tellement plus mode (et plus légers !) que la version chocolatée. Le principe ? Commencer par monter le même appareil de base : battre 3 jaunes d'œufs avec 5 c. à s. de sucre glace, ajouter la boîte de mascarpone (250 g). Monter les blancs en neige avec une pincée de sel et 2 autres c. à s. de sucre glace, les incorporer délicatement au mélange (facultatif, mais bienvenu : une petite giclée de marsala). À partir de là, disposer dans des verres individuels transparents – comme dans les livres de cuisine à la mode – des **fraises coupées**, ou un mélange **fraises/framboises** enrobées de crème au mascarpone et saupoudrées d'un troisième élément plus croquant : meringue émiettée, *turrón* (nougat espagnol) concassé, amaretti émiettés, pistaches vertes pilées... En option : un peu de coulis de fruits rouges. Bien sûr, rien ne vous empêche de confectionner du vrai **tiramisu aux fruits rouges** en portions individuelles (les proportions ci-dessus sont pour 4). En ce cas, imbiber les biscuits avec un coulis de fruits rouges allongé d'un peu de jus d'orange. Alterner une couche de biscuits, une couche de crème, une couche de fruits, terminez par le sucre glace. Vous connaissez le principe, et comme ça, la boucle est bouclée !

les huiles
chic

On commençait juste à piger les subtilités de l'huile d'olive. À se retenir de sauter au plafond en voyant se pavaner, dans le rayon spécialisé, des bouteilles à 25 euros le demi-litre. À savoir prendre l'air inspiré en dégustant religieusement, à l'épicerie fine du moindre bled de Provence, des nectars divers dont on nous expliquait l'« ardence », le « fruité noir » ou le « fruité vert »... Et vlan ! Voici qu'ont débarqué les petites cousines : encore plus rares, encore plus pointues, encore plus astronomiques (forcément, vous imaginez combien il faut en broyer, des pignons de pin, pour remplir une bouteille). Et nous voilà, nous, pauvres gourmands un brin largués, devant un nouveau défi : comment réussir à écluser ces 25 cl d'élixir de snobisme culinaire avant qu'ils ne s'éventent. On le verra, c'est pas gagné, d'abord parce que les petites fioles en question sont très périssables ; ensuite parce que, contrairement à ce qui est écrit dans les magazines, elles ne vont pas avec grand-chose. Croyez-nous, on a testé, retesté, froncé le nez, et on en a balancé, des fonds de bouteilles... Après moult tâtonnements, on en a retenu quatre : l'huile de sésame (quasiment livrée d'office avec le wok), l'huile de pistache, l'huile de noisette, et la plus snob, l'huile d'argan. Pour la « macadamia », la « pignon de pin », la « noix de pécan » et autres oléagineux improbables, on déclare forfait, n'ayant pas l'intention de commencer une collection. Quant à l'huile d'amande douce, le jour où on saura en faire quelque chose d'aussi bluffant que l'extraordinaire salade d'avocats au crabe de Pascal Barbot, le jeune chef « doublétoilé » de l'Astrance à Paris, on en reparlera.

L'huile de sésame

Ouh là ! Puissante, extrême (orientale), l'huile de sésame. S'agit de savoir la doser, mais aussi la choisir. Même si l'étiquette ne le précise pas, celle du supermarché chinois, extraite de graines grillées, est bien plus forte que celle du magasin bio ou de l'épicerie fine. Attention : il ne faut pas la cuire mais s'en servir comme base de vinaigrette (mélangée à une huile neutre et à un vinaigre simple) ou comme révélateur de goût. Bien sûr, elle est parfaite en touche finale sur les légumes qu'on fait sauter plus ou moins habilement dans notre wok rutilant. Mais si on range la bouteille jusqu'à la prochaine sortie de l'engin, on n'est pas près d'en voir la fin. Et si on l'essayait plutôt :

– sur les **poireaux** vinaigrette, encore tièdes, de préférence. Avec la saveur subtilement poivrée des poireaux, ça fait des étincelles ;
– sur une salade d'**endives**, mais coupées très très finement, quasiment en julienne. D'un seul coup, ces grandes blêmes du Nord prennent illico un petit air oriental. Même prescription, même résultat pour les cubes de **betterave**. Effet renforcé si l'on parsème de graines de sésame fraîchement torréfiées (grillées à sec) ;
– sur la **soupe au potiron**, à confectionner selon votre recette habituelle. En touche finale, un filet d'huile

de sésame dans chaque assiette creuse. En option : quelques pluches de coriandre ;
– sur un **risotto à la courge** (au potiron, au potimarron, ou n'importe quelle cucurbitacée achetée au marché bio). Si le risotto fait partie de ces plats qui vous résistent, sur une simple purée d'un des légumes cités ci-dessus, c'est parfait aussi bien sûr ;
– sur des **légumes tièdes vapeur** : petits navets, dés de jeunes carottes, pois gourmands... Toujours en confectionnant une vinaigrette, avec 1 c. à s. d'huile de sésame pour 2 c. à s. d'huile neutre ;
– en marinade pour des **pavés de saumon** si vous les faites cuire autrement qu'à feu vif. En l'occurrence, le micro-ondes est parfait. Faire mariner une 1/2 heure dans le mélange suivant (pour 2 pavés) : 1 c. à s. de sauce soja pour 2 c. à s. d'huile neutre et 1 c. à s. d'huile de sésame. À la sortie du four, on peut arroser les pavés – ou le riz nature qui les accompagne – du reste de marinade. On peut aussi s'essayer à toutes sortes de variations pour la marinade (un doigt de vermouth, un peu de saké...).

L'huile de pistache

On pourrait vous dire, comme dans les livres de cuisine chic, qu'elle évoque l'Orient, *Les Mille et Une Nuits*, les douceurs des sultans. Mais nous, ce qu'on adore, c'est sa couleur, vert flashy, et son goût assorti : intense, très long en bouche, rappelant vraiment le fruit. Le genre d'élixir qui, d'une seule giclée, vous transfigure un mets. Ce n'est pas une raison pour en asperger n'importe quoi : l'huile de pistache ne va pas avec tout (et surtout pas avec n'importe quel vinaigre : utilisez du doux, comme le vinaigre de miel ou le balsamique). Pour les salades, pensez là encore à la diluer avec une huile neutre. Et une fois intégrés ces conseils préalables, lancez-vous sur :

Côté salé

– des **endives émincées très finement** : leur amertume adore ce genre de contrepoint. Idem pour les endives braisées, saupoudrées de sucre, dans un fond de jus d'orange ;

– la vinaigrette des **asperges** : blanches, vertes, violettes ou jaunes à pois verts, ça marche à tous les coups ;

– celle de la salade de **haricots verts**, un jour de menu minceur. Beaucoup moins punitif et tout à fait intéressant, surtout si vous l'agrémentez de quelques **dés de blanc de poulet** cuits vapeur et citronnés ;

– et bien sûr (hé hé) celle de la **salade de lentilles vertes du Puy**, qui ont mijoté 3/4 d'heure en compagnie de 1 oignon clouté de girofle, d'un bouquet garni et… de 1 **saucisson de Lyon pistaché** (démarrage à l'eau froide,

ne pas faire bouillir et ne pas piquer le saucisson). Couper le sauc' en rondelles, déposez sur les lentilles un peu de persil, une larmichette de vinaigre, sel, poivre et un bon filet d'huile de pistache, c'est vraiment le moment où jamais ;
– un **dip à la pistache** : monter une mayonnaise avec 1 jaune d'œuf, de la moutarde, de l'huile en filet (1/3 pistache, 2/3 huile neutre). Alléger la préparation obtenue avec 1 c. à s. de fromage blanc lisse ou de yaourt crémeux. Trempez-y l'ordinaire des bâtonnets de carotte, concombre, tomates cerises...
– un pavé de **cabillaud vapeur** ou une **salade de raie tiède**, agrémentée d'un peu de persil et de quelques lamelles d'orange ultrafines (avec le zeste, si elles sont bio).

Côté sucré
– une **salade de fraises** sucrées et citronnées (ou aspergées d'un peu de jus d'orange, ou délicatement parsemées de gouttelettes d'un très bon balsamique) ;
– des **pommes au four** : en plus du beurre et du sucre roux, parsemer de quelques pistaches et, à la sortie du four, quand c'est bien caramélisé, arroser d'un peu d'huile de pistache ;
– une **salade d'oranges** : faites comme d'habitude, passez une heure à découper en fines rondelles des oranges pelées à vif en récupérant le jus qui s'écoule

dans la planche à rigole. Mais au lieu de saupoudrer l'ensemble de cannelle ou de fleur d'oranger (trop basique pour vous, désormais), arrosez d'huile de pistache. Quelques pistaches pilées par-dessus pour la déco, et là, triomphe garanti. On peut mélanger avec des pomelos, bien sûr ;

– une **tarte au citron** : celle confectionnée par vos petites mains selon la recette habituelle... ou celle du pâtissier du coin, déjà excellente. Trois gouttes sur chaque part, et vous passerez assez vite, à peu de frais, pour le Pierre Hermé du quartier...

L'huile de noisette

Alors celle-là, elle est magique. Nettement plus facile à caser que ses congénères, elle ne risque pas de moisir longtemps sur son étagère. Ne cherchez pas midi à quatorze heures : avec une simple salade de mâche, on frôle la révélation. Et avec cette chère roquette, dont on dit déjà, en général, qu'elle a un petit goût de noisette, c'est grandiose. Mais si vous manquez d'inspiration quand même, on vous la recommande (diluée comme toujours avec une huile neutre, voire une huile d'olive pas trop ramenarde) :

– sur des **carottes** : râpées, ou cuites vapeur en petits dés : arroser d'un mélange jus d'orange + jus de citron + huile neutre + huile de noisette. Proportions à votre convenance ;

– rayon crudités râpées, elle accompagne à merveille le **céleri** râpé... aux pommes râpées (des Granny) et aux noisettes pilées, un peu de cerfeuil ne nuisant pas ; la **betterave** (partenaires conseillés : vinaigre doux, noisettes concassées, cerfeuil), ou encore le **chou blanc** : dans ce cas-là, confectionner une petite sauce avec 2 c. à s. d'huile de noisette, 1 yaourt du genre bulgare, du jus de citron et une ou deux pincées de cannelle. Pas mal non plus : faire mariner des petits bâtonnets de pomme un peu acide (toujours des Granny) dans l'huile de noisette. Et les incorporer ensuite dans une **salade d'endives** (non râpées !), ajuster l'assaisonnement en conséquence. Mais où allez-vous chercher tout ça ? ;
– sur une **salade de pommes de terre** tièdes avec échalotes et ciboulette ;
– sur tous les féculents en général, à la place de la... noisette de beurre. Sur du **riz blanc** bêtassou, ou sur la **semoule** (oui, même celle en sachet cuisson) que vous venez de préparer pour accompagner les petites côtes d'agneau ou le filet de cabillaud des enfants ;
– justement, restons dans le maritime : pour changer du beurre citronné, chauffer doucement au micro-ondes un petit verre d'huile de noisette et de jus de citron. Servir avec du **poisson blanc vapeur**, des ailes de raie par exemple... Baptiser ça la « raie à l'huile noisette » ;

– sur des **champignons de Paris** crus, émincés, citronnés. Laisser macérer un minimum. En option, mais vivement conseillé : ajouter quelques noisettes grillées et pilées (ou hachées). Et pas mal de ciboulette ciselée ;
– sur une salade de **brocolis tièdes** vapeur : faire une vinaigrette à l'huile de noisette, ajouter quelques pignons grillés et des copeaux de parmesan ;
– en arabesque sur la soupe : un geste à prendre, très mode, très désinvolte, la virgule géante d'huile de noisette sur le **velouté de potiron, ou de potimarron**, par exemple ;
– dans le **tartare de thon ou de saumon** : pas question de vous donner une énième recette, vous en avez déjà douze. Choisissez-en une, votre préférée, et remplacez une partie de la matière grasse par de l'huile de noisette. Pas mal, non ?
– en filet sur un petit **chèvre frais** : le tout, étalé sur du pain de campagne grillé, c'est un péché.

L'huile d'argan

C'est la plus chère, la plus snob, mais aussi la plus déroutante, avec sa couleur jaune orangé, et son goût de « grillé » très particulier, pas forcément consensuel. Lancée par quelques importateurs avisés, relayée par les magazines et les chefs qui, eux, ont vite trouvé le mode d'emploi (c'est leur job), la vogue ne semble pas faiblir. Deux ou trois choses que l'on sait d'elle, à force ? Marocaine et artisanale, elle est produite dans le triangle d'or Essaouira-Taroudant-Tiznit, à partir des amandons de l'arganier, bel arbre tortueux et vert sombre qui ne pousse que dans la région. Encore plus sympathique, elle est souvent élaborée par des femmes, regroupées en coopératives indépendantes. En se fournissant directement auprès d'elles ou de leurs distributeurs français (www.targanine.com), on a l'impression de faire acte de gourmandise équitable, tout en contribuant à l'émancipation de la femme berbère. C'est presque trop beau, mais ça a l'air vrai. Vu son prix exorbitant (il faut environ 30 kg de fruits, concassés à la main, pour obtenir un litre d'huile), achetez-la en toutes petites quantités. Évitez de craquer pour une bouteille non étiquetée, vendue sur le bord de la route Taroudant-Agadir : des petits malins en fabriquent aussi à partir de noyaux... recrachés par les chèvres, très friandes de fruits d'arganier ! Beurk. Voilà, vous savez tout, à part comment l'utiliser.

Dans la **sauce du gigot ou de l'épaule d'agneau rôtie** quasi « au naturel » (huile d'olive, thym, ail, romarin...). Inutile de gâcher la précieuse « flaconnette » en enduisant la pièce de viande, 1 ou 2 c. à s. dans le jus de cuisson suffiront à parfumer la sauce. Appelez ça « mon agneau à la berbère » et vous blufferez tout le monde...

Sur les délicieuses **« céréales gourmandes »** de chez Tipiak (en grandes surfaces). Un mélange parfaitement au point, et enfantin à cuire, de blé, orge, avoine et flocons de soja. Arrosé d'un filet d'huile d'argan, et accompagné de côtes d'agneau grillées marinées à l'huile, au citron et au quatre-épices, voilà un vrai festin de vacances, à la flemmasse !

Avec le **fromage de chèvre** : c'est écrit sur la bouteille, mais c'est vrai. L'huile d'argan, ça vous renouvelle le genre « chavignol chaud » et consorts. Mode d'emploi optimal ? Rouler successivement les demi-crottins dans l'huile d'argan, puis dans le miel liquide, avant de les enfourner, posés sur le pain grillé. Sinon, verser simplement quelques gouttes sur le fromage, à la sortie du four. Plus original : confectionner un dip, en travaillant à la fourchette du chèvre frais, huilé d'argan, avec de l'échalote hachée, de la ciboulette ciselée, du sel, du poivre et des copeaux de courgette crue, débités à l'économe. Pas mal non plus : étaler un petit mélange chèvre frais + coriandre ciselée + argan sur des grosses pommes de terre au four bien chaudes. Ça change du Boursin, non ?

Dans la **vinaigrette des artichauts**, les vrais, les gros bretons, pas les petits méditerranéens. Ceux qu'on achète parce qu'on aime vraiment le goût des artichauts, la saveur un peu farineuse de leur cœur, parfaitement mise en valeur par une vinaigrette à base d'huile neutre (genre pépins de raisin) et d'une pointe d'huile d'argan.

Côté légumes toujours, tester l'huile d'argan sur tout ce qui est douceâtre et farineux : **légumes secs**, purée de **patates douces**, salade de **carottes tièdes à l'orange**. En saison, les **asperges** (si on ne les noie pas) et le **fenouil** s'entendent plutôt bien avec elle également. La **salade frisée**, et la cent-quarante-deuxième **tomate mozzarella** de la saison peuvent aussi y avoir droit... Pas mal aussi : à petites doses, dans le caviar de courgette ou d'aubergine.

Dans la **salade de pommes de terre** tiède. Un beau mariage ? Des petites patates bien goûteuses en rondelles, des oignons frais émincés, de l'écorce de **citron confit** (voir ce chapitre) en petits dés. Assaisonner d'une vinaigrette à l'huile d'argan, pendant que les pommes de terre sont encore chaudes, ajouter au dernier moment quelques feuilles de salade verte craquantes, et des brins de coriandre si on aime.

Autre option : une salade de pommes de terre/ciboulette, avec des lichettes du fromage de chèvre évoqué ci-dessus.

Rayon poissons : c'est intéressant sur des petits **rougets grillés** ou une **poêlée d'encornets**. Et aussi dans un **tartare de thon** ou de **saumon** : il suffit de remplacer l'huile d'olive généralement conseillée par un mélange huile neutre/huile d'argan.

Une petite place pour le dessert ? Pour commencer, la classique **salade d'oranges à la cannelle** (très peu) et à la fleur d'oranger, agrémentée (ou non) de dattes en petits dés, qu'on arrose d'un filet d'huile d'argan avant de servir. Encore plus typique : acheter des **crêpes berbères**, bien épaisses et spongieuses, criblées de « cratères » (on les appelle aussi « crêpes mille trous »). On les trouve dans les pâtisseries orientales, surtout au moment du ramadan. Les réchauffer au micro-ondes puis les napper du mélange suivant : 1/3 de poudre d'amandes, 1/3 de miel liquide, 1/3 d'huile d'argan. Une préparation traditionnelle qui s'appelle l'*amlou*, dit aussi... « le Nutella berbère » !

Comment les conserver ?

Inutile, vu le prix exorbitant de la moindre fiole des huiles mentionnées dans ce chapitre, de vous conseiller de les acheter en petites quantités. Avec tout ce qui précède, vous devriez désormais écluser assez rapidement leur contenu. Mais rappelons quand même deux ou trois conseils de base, qui sont valables aussi pour la très chic et chère bouteille d'huile d'olive que vous avez rapportée des Pouilles ou des Alpilles. Votre collection d'huiles *fashion* déteste :

1) la lumière. Même si le flacon est très joli, éviter de le laisser en expo sur le plan de travail. Et si on trouve des conditionnements en verre opaque, c'est encore mieux ;

2) la chaleur. Si vous les rangez dans le noir, en bas du placard, vérifiez que la canalisation de chauffage ne passe pas par là ;

3) l'air. Idéalement, il ne faudrait pas seulement penser à reboucher, mais transvaser régulièrement le reste de l'huile dans un contenant plus petit, pour qu'il ne soit pas en contact avec trop d'air. C'est trop vous demander ? Alors, essayez de la consommer dans les six mois maxi après ouverture, faute de quoi, elle sera totalement éventée. Et le frigo ? Pas du tout interdit, surtout l'été, à condition de la sortir 1 heure ou 2 avant usage.

le Lait
de
coco

Disons-le tout net : avec tout ce qu'on a balancé comme lait de coco ces dix dernières années, il y a presque de quoi remplir le golfe du Siam. « Versez 10 cl de lait de coco », indiquait invariablement la recette. Oui, mais à l'époque, on ne le trouvait qu'en grosses boîtes. Et encore, en cherchant bien... Alors, une fois engloutie la « nage de crevettes au curry et légumes croquants » (croquants ? pas évident, après trempette dans l'émollient liquide blanc), la boîte de conserve entamée, avec sa jolie étiquette rouge ou verte, partait rejoindre au frigo les 42 autres ingrédients de la recette : fond de pâte de curry, moitié de bouquet de coriandre, tiges de citronnelle racornies, flacon de sauce de poisson... Les plus périssables, dont le lait de coco, finissaient vite dans la plus proche poubelle. Apparemment, on ne devait pas être les seuls à avoir des problèmes de recyclage. Quelques années plus tard, la marque Suzi Wan a eu l'heureuse idée de commercialiser des briquettes de 20 cl, plus adaptées à nos pratiques occidentales. Un grand bond en avant. Restait à apprendre à apprivoiser cette formidable base culinaire, sans s'astreindre systématiquement à une virée shopping à Chinatown, ni même se référer à un vrai livre de recettes exotiques (thaïes, vietnamiennes, brésiliennes, tahitiennes, indiennes: il est partout, le lait de coco). On a donc mené l'enquête, notamment auprès de « vouzémois » à la culture gourmande métissée (parce qu'ils font partie de couples mixtes, qu'ils régalent leurs enfants de tapioca coco/banane comme de petits-beurre/Nutella...). Parmi leurs conseils avisés, on a retenu cette règle d'or : jamais de recette au lait de coco sans prévoir coriandre fraîche et citron vert, pour sauver, au besoin, le résultat du douceâtre. Quant à leurs nombreux trucs et recettes « express », en voici le substantifique résumé ci-après. La prochaine fois que vous croisez du lait de coco, embauchez-le donc pour :

Faire cuire des morceaux de poulet, pocher du poisson blanc (lieu, cabillaud, tronçons ou **joues de lotte**) ou des **grosses crevettes**. La méthode la plus convaincante consiste toujours à faire un fond, dans une casserole, une sauteuse ou un wok bien sûr, avec une base de lait de coco (une boîte de 400 ml pour 4) mélangée avec du piment frais haché, du gingembre râpé, de l'ail, ou tout simplement une cuillerée de pâte de curry de son choix (le curry vert, façon thaï, convient parfaitement). Laisser cuire à feu doux 5 minutes, en remuant. Puis déposer avec délicatesse les morceaux de poulet ou de poisson, qui doivent être complètement immergés. On laisse mijoter une dizaine de minutes (attention : à feu vif, le lait de coco épaissit. Il faut alors le diluer à l'eau ou au bouillon). En fin de cuisson, ajouter du basilic ou de la coriandre ciselés. Servir cette merveille avec du basmati ou du riz parfumé.

Bricoler une « soupe repas » sur la même base **poulet** (en lamelles, cette fois) ou **crevettes** : quand c'est presque cuit, allonger avec une deuxième petite boîte ou une briquette et un ou deux verres de bouillon de volaille en cube. Donner un tour de bouillon et servir dans des assiettes dans lesquelles on aura déjà disposé du riz cuit (chaud, mais pas brûlant, sinon ça gonfle trop), et plein de coriandre le Lait de coco

ciselée. Saler de préférence au nuoc-mâm, hors du feu, ajouter du jus de citron vert. (Ou proposer des quartiers de citron vert à part.) Le tout fait généralement un carton, auprès des grands comme des petits.

Préparer des coquillages, pour changer. Toujours sur la même base, mais en mettant dès le départ des oignons frais hachés et des tomates cerises. Faire ouvrir dans le « fond » au lait de coco des **moules,** des **coques**, ou un mélange des deux. Une giclée de jus de citron vert, quelques zestes râpés, et voilà le travail ! Pour sophistiquer la chose : à la place du citron vert, essayez de trouver du *combava*, ce petit agrume vert vif tout cabossé et fripé, à l'arôme incroyable (une bonne piste : les épiceries de l'océan Indien, sri-lankaises, mauriciennes). Faire l'impasse sur les tomates, pourquoi pas, mais la coriandre, elle, s'impose.

Se lancer dans un tom kha kai, la soupe nationale thaïe. Accrochez-vous, pour une fois, c'est une vraie recette arrivée de Thaïlande en passant par Lafayette St, NYC. Ingrédients ? Pas trop nombreux ni difficiles à trouver dans les grandes villes, mais il vous faudra quand même de la citronnelle et du *galanga*, plus doux et parfumé. Avantages ? Délicieux, économique, inratable. Mode d'emploi pour 6 : acheter 6 blancs de poulet

Galanga : cousin du gingembre, mais plus subtil que lui. Sa saveur poivrée et acidulée se retrouve partout dans la cuisine thaïe. Chez nous, on le trouve plus facilement séché.

(avec quelques ailes pour donner du goût au bouillon), 4 boîtes de lait de coco (4 x 400 ml), 1 boîte de baby corn (mini-épis de maïs), du riz thaï, un gros morceau de galanga, un douzaine de feuilles de lime (petit citron vert), 2 tiges de citronnelle, 1 botte de coriandre, 3 ou 4 échalotes ou petits oignons, du nuoc-mâm et 1 piment « oiseau ». Ensuite, dans 1/2 l d'eau, jeter : les ailes de poulet, les échalotes coupées en quartiers, le galanga coupé en tranches moyennes, la citronnelle coupée en tronçons biseautés de 1 cm, 6 feuilles de lime déchirées en deux (pour qu'elle dégagent tout leur parfum) et le piment oiseau coupé en petits morceaux. Lorsque le bouillon a frémi 10 minutes, retirer les ailes de poulet et ajouter le lait de coco. Lorsqu'il frémit de nouveau, faire cuire les blancs de poulet en lamelles, et les baby corns coupés en trois. Laisser réduire de 1/4 environ, puis saler au nuoc-mâm (et surtout pas au soja !). C'est prêt ! Avant de servir, on peut retirer les aromates. Ou bien les laisser, à condition d'expliquer aux convives que ce ne sont pas des rognures d'ongles qui flottent dans leur bol, mais de la citronnelle. À table, proposer les feuilles de lime restantes et la coriandre lavée et effeuillée, pour que chacun se livre à ce petit rituel amusant : je prends quelques feuilles fraîches, je les déchire et les jette dans ma soupe brûlante (en criant « tom ka kai !! »... on plaisante). Apporter en même temps le riz dont chacun se servira une cuillerée (attention, l'eau du riz thaï ne se sale pas), tout le chic étant de contrebalancer la soupe très aromatisée par la fadeur du riz parfumé. NB : tous les aromates (sauf la coriandre) se conservent très bien au congélateur. On peut donc largement s'approvisionner pour quatre ou cinq tom ka kai à la fois et rentabiliser le métro/RER/TGV jusqu'au quartier chinois.

Poêler des grosses crevettes ou gambas.

Les choisir crues (le poissonnier en a rarement, voir plutôt au rayon surgelés), les décortiquer (attention à bien ôter le boyau noirâtre) et les saisir à l'huile d'olive et à feu vif, puis incorporer un filet de lait de coco, quelques pincées de curry en poudre, du piment ou du Tabasco. Poursuivre la cuisson quelques minutes à feu doux, le temps que la sauce réduise. Sophistiquer avec de l'ail, du gingembre haché ou encore flamber les bestioles avec du rhum blanc avant d'ajouter le lait de coco. Et nous voilà passés de la Thaïlande aux Antilles...

Dépayser un tantinet le rôti de porc au lait.

La recette de base, vous connaissez sûrement. Là, il s'agit de remplacer une partie du lait de cuisson (1/3, dirons-nous) par du lait de coco, et les aromates habituelles (thym, laurier, girofle, muscade) par un mélange d'épices plus exotiques (gingembre, curry, cinq-épices chinois, piment). Ne pas oublier de faire dorer le rôti avec de l'ail (du filet mignon bien moelleux, c'est parfait pour cette recette), avant d'essuyer la cocotte et d'immerger le porc dans le mélange lait normal/lait de coco. Porter à ébullition, puis cuire à couvert et à feu doux. Au moment où on fait réduire la sauce, ajouter éventuellement des abricots secs, des cubes d'ananas frais. Prenez garde, ça peut devenir plus sucré que salé, même si l'ananas apporte une pointe d'acidité. Pour rectifier le tir, penser à la coriandre fraîche et aux quartiers de citron vert, comme toujours.

Tenter le poisson cru à la tahitienne,
le plat typique de là-bas, apparenté au ceviche sud-américain. Attention, affûtez vos couteaux et armez-vous de patience pour la découpe. Pour 4 personnes, acheter 800 g de thon top niveau, qu'on découpe en petits dés (1 x 1 cm). Le plus dur est fait. Dans un saladier, arroser le poisson du jus de 4 citrons verts et laisser « cuire » 1/2 heure au frais. Demi-heure qu'on met à profit pour découper aussi, en dés, en rondelles ou en lamelles, selon le légume concerné : 4 petits oignons crus, 1/2 poivron vert, 3 petites tomates, 1/4 de concombre, 1 avocat. Égoutter le poisson (mais sans l'essuyer avec maniaquerie : ça ne doit plus « tremper » dans le citron, c'est tout), le mettre dans un plat

creux avec les légumes, mélanger, saler et pimenter comme on aime. Quelques minutes avant de servir, ajouter 4 c. à s. de lait de coco. Servir très très frais, tant pis si on n'a pas les demi-noix de coco évidées pour faire couleur locale, c'est quand même délicieux avec une... bonne bière, la célèbre boisson nationale tahitienne.

Ou se contenter d'un simple carpaccio au lait de coco : de **thon**, ou de **saint-jacques**, ou de **dorade...** Moins de manip', moins de découpe, mais plein de vitamines et de fraîcheur aussi. Là non plus, on n'en fait pas pour un régiment, c'est bien pour 2 ou 4. Acheter au prix fort et au marché bio du thon très frais pour sushis (150 g par tête de pipe). Après lui avoir fait subir un petit séjour express au congélateur, sortir son couteau japonais et le détailler en tranches fines, qu'on disposera sur des assiettes. Pour enduire tout ça juste avant de servir : une petite vinaigrette maison avec du lait de coco, du jus de pamplemousse, un chouïa d'huile de sésame, de sauce soja, de sucre et de gingembre râpé. Le bon truc ? Faire le double de vinaigrette et s'en servir pour assaisonner la salade qui ira avec : dés d'avocat, de tomate, de pamplemousse, oignons frais émincés et feuilles de coriandre. Très chic : parsemer le carpaccio de graines de sésame grillées.

Redécouvrir les patates douces,
ces gros machins dont on ne sait jamais trop quoi faire. Ici, on les coupe en morceaux pas trop gros, mais pas trop petits non plus. On fait chauffer dans l'inévitable wok (ou dans ce qu'on a de plus approchant) 1 bonne c. à s. de pâte de curry, qu'on délaie petit à petit avec du lait de coco. On y plonge les patates douces qu'on laisse jusqu'à ce qu'une lame de couteau s'enfonce facilement. On peut faire la même chose avec des carottes, bien évidemment. Cependant, toutes ces recettes de légumes au wok dans lesquelles on est censé ajouter du lait de coco sont à haut risque (selon nous) : comment on fait, dans ce cas-là, pour garder le croquant du chou chinois ou du pois gourmand ?

Ou tout simplement, chahuter un peu la **purée maison**, celle qu'on écrase au presse-purée manuel, avec un max de beurre et du lait chaud. Si elle doit accompagner du poisson, ou même une viande blanche, on remplace le lait par du lait de coco. Subtilement transformée, elle a juste un je-ne-sais-quoi d'exotique que les convives, on vous le garantit, ne trouveront pas tout de suite. Tant mieux : c'est comme ça qu'on entretient sa réputation de cuisinier...

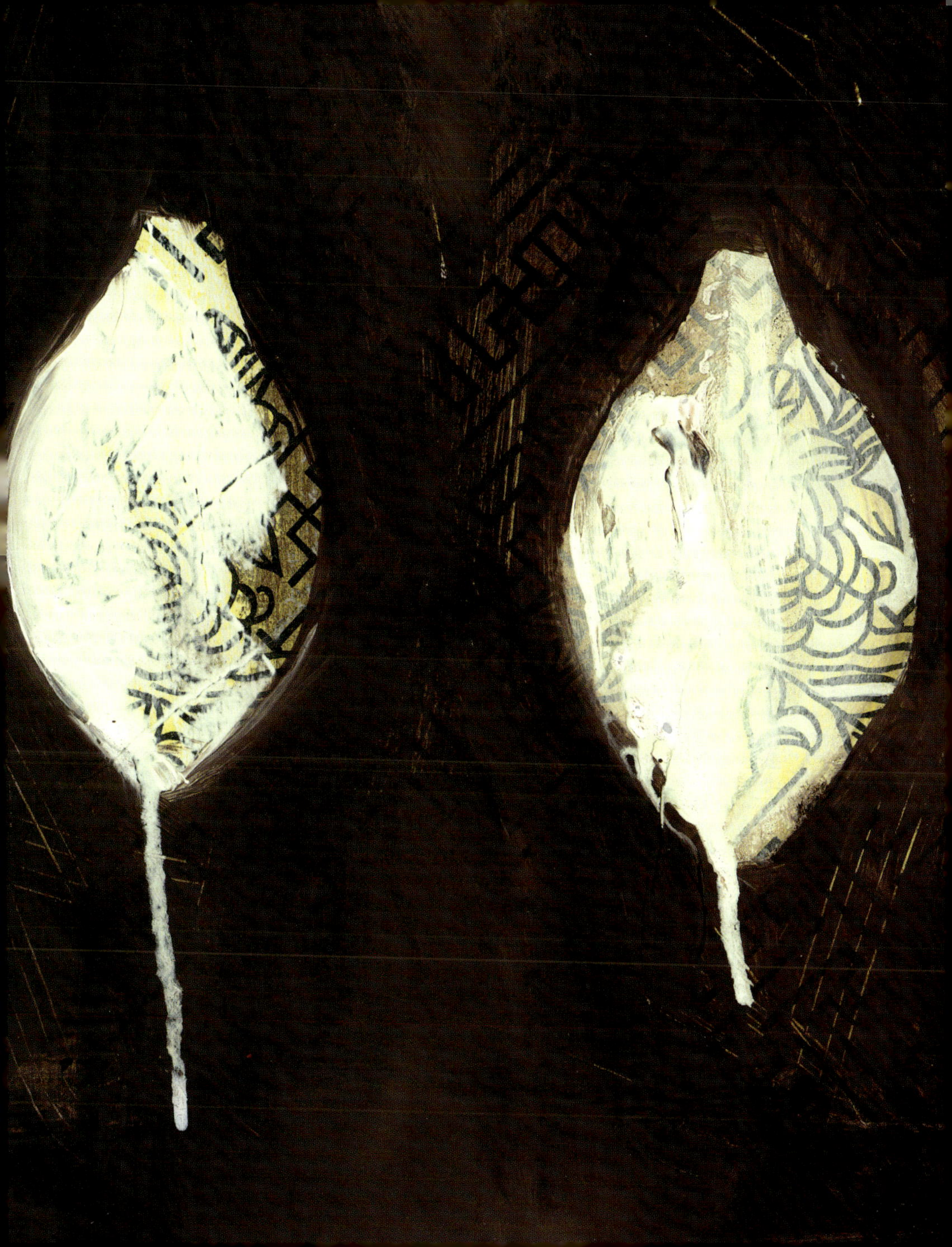

Côté dessert, on peut tenter :

Un genre de **blanc-manger**. Ça s'appelle comme ça dans les livres de recettes antillaises, même si ça n'a pas grand-chose à voir avec celui au lait d'amandes du *Larousse gastronomique*. Version simplissime : faire un sirop avec 150 g de sucre et 40 cl d'eau. Pendant ce temps, mettre 6 feuilles de gélatine à tremper dans l'eau froide. Égoutter et dissoudre les feuilles, hors du feu, dans le sirop de sucre pas trop chaud. Ajouter un grande boîte de lait de coco et une boîte de lait concentré non sucré (du Gloria, quoi...). Mélanger, et glisser au frais une bonne douzaine d'heures. En option : une pointe de vanille. Servir ultra-frais, en portions raisonnables, et avec un truc rafraîchissant à côté.
Une salade de fruits mangues/framboises, par exemple ?

On peut aussi préparer le vrai **riz au lait de coco et aux mangues**. Entendez par là, la recette fantasme que ceux qui ont déjà mis les pieds dans un bon restaurant thaïlandais rêvent de reproduire *at home*. On ne sait plus très bien d'où sort celle-ci, mais les nombreux amis à qui ont l'a déjà refilée nous vouent une reconnaissance éternelle. Seul souci : il faut faire tremper le riz gluant (250 g) le matin pour le soir. On commence par le rincer dans une passoire à trous fins, jusqu'à ce que la dernière eau soit limpide. Puis on le recouvre d'eau froide, dans un saladier, et on l'oublie pendant 8 heures minimum.

Juste avant de préparer le repas (c'est important, il vaut mieux que le riz soit tiède), on fait bouillir 40 cl d'eau dans une casserole, on ajoute la même quantité de lait de coco (une grosse boîte) et 50 g de sucre. Dès la reprise de l'ébullition, on verse le riz égoutté et on laisse cuire à feu très doux 1/2 heure, en remuant de temps en temps. On sert avec des tranches de mangue. Permet de régaler 6 gourmands ou 4 très gourmands. Et bien sûr, froid, c'est bon aussi !

Encore plus simple : un fond de briquette de lait de coco dans la **banane écrasée** des soirées d'hiver. Au sein de notre propre foyer, le résultat a récemment été qualifié par une petite fille de cinq ans de « meilleur dessert que j'aie jamais mangé ». Rien que ça...

Pas mal non plus, un **pain perdu**, pas trop sucré de préférence. Faites à votre manière, en remplaçant le lait par du lait de coco. Ou sinon, suivre notre procédure simplifiée : tremper recto verso, façon éponge, des tranches épaisses de brioche rassise dans un plat creux où l'on aura battu 2 œufs avec une briquette de 20 cl de lait de coco, allongé de lait de vache, 2 c. à s. à soupe de sucre roux, et les petits grains, grattés au couteau, de 1 gousse de vanille.

Le secret pour que ça ne vire pas au vaguement écœurant ? Poêler les pains perdus dans du beurre salé. Et servir avec des framboises, pour une note d'acidité.

Une **boisson**, pour terminer ? Hormis sur place, sous les cocotiers, siroter du lait de coco glacé à même la noix ou s'enfiler des batidas (jus ananas/rhum/coco), c'est généralement un peu douceâtre pour nos palais européens. Cela dit, si le Père Noël a eu la bonne idée de vous apporter un vrai blender, l'engin qui réussit les milk-shakes tout seul et transforme les fruits en boissons délicieuses, profitez-en pour vous bricoler un **smoothie**, avec ce reste de briquette : du yaourt velouté, allongé de lait de coco, et des fruits vaguement tropicaux au choix : banane, mangue, ananas. On mixe, on pulse, on sucre au besoin – mais il n'y a pas vraiment besoin – et voilà un *soft drink* bien plus rafraîchissant que tout ce qui s'achète chez le marchand. Avec un peu de chance, les ados de la maison apprécieront.

Lait de coco ou crème de coco ?

Non, ça ne se trouve pas en l'état, dans la coquille de noix. Mais c'est quand même un produit 100 % naturel. Le lait de coco basique s'obtient en mélangeant fifty-fifty de la noix de coco râpée et de l'eau. On fait mijoter et épaissir le mélange, on filtre pour éliminer les bribes de pulpe, puis on stérilise. C'est vrai qu'il y a deux types de lait de coco ? Exact : si on met moins d'eau (1/4 du volume de noix de coco, généralement), ça donne, avec le même procédé, une mixture plus épaisse (et plus sucrée, car moins diluée), qu'on vous vend généralement comme de la « crème de coco » (ou de l'« extrait de noix de coco », c'est là que ça se corse, ça dépend des marques), plus adaptée aux desserts. Mais inutile de flipper si vous ne trouvez que l'un ou l'autre, les deux versions sont quand même relativement interchangeables. Seule précaution : s'assurer qu'il ne s'agit pas de crème de coco enrichie en sucre (beurk), une variante moins largement commercialisée et totalement inadaptée, cette fois, pour un curry de crevettes. Pas inutile non plus : faire le tour du quartier jusqu'à ce qu'on ait mis la main sur une bonne marque. Les laits de coco bas de gamme, en effet, sont obtenus en réhumidifiant la pulpe après filtrage, un peu comme l'huile « deuxième pression », ou fabriqués avec de la noix de coco déshydratée. Dans tous les cas, se souvenir que c'est très gras et calorique (encore plus que vous ne croyez), et penser à remuer la boîte avant de l'ouvrir !

Les tomates
confites
ou
séchées

Comment les qualifier ? De condiments ? Un peu, car on prend vite l'habitude d'en croquer avec le rôti ou le poulet froids, en lieu et place des cornichons... De friandises ? Les meilleures, c'est vrai, engendrent parfois des comportements addictifs. Normal : la texture d'une tomate bien sèche, qu'on mâchouille lentement avec volupté, rappelle le Malabar. Débarquées dans les linéaires avec les *pasta*, les *pesto*, et le *parmiggiano reggiano*, mais sans appellation ronflante qu'on ne sait jamais accentuer correctement, les tomates séchées se sont imposées plus discrètement.

Seulement, une fois qu'on y a goûté, on s'attache, forcément. Et pour cause : les tomates séchées, c'est plus ou moins bon, mais c'est toujours bon, même dans le bas du rayon ou la supérette la plus *discount* des environs. Contrairement à la tomate fraîche, qui peut parfois toucher le fond. Modestes et sympathiques, on imagine toujours que, pour acquérir ce goût inimitable, sucré et acidulé à la fois, elles ont séché au soleil… ce qui est sans doute une vue de l'esprit, du moins pour la version « premier prix ». Autre bon point ? Inutile d'avoir ingéré *La Cuisine des trattorias en 24 volumes* pour s'en faire des alliées. D'ailleurs, ce n'est pas un hasard si leurs plus grands fans sont ces anglo-saxons décoincés, type Jamie Oliver : des pros de la « cuisine d'assemblage » (dans le sens noble du terme) et des juxtapositions inspirées. Ultime précision : dans ce chapitre, on emploiera indifféremment l'expression « tomates confites » ou « tomates séchées ». Mais on partira du principe que la plupart d'entre nous les achètent en bocal, baignant dans une huile qui est rarement top niveau d'ailleurs. Et même ça, ça fait partie de leur charme.

Avec les tomates séchées à l'huile

Garnir des croûtons, des canapés, des crostinis, des bruschette et tutti quanti. Déposer 1 ou 2 tomates (bien égouttées) sur des tranches de baguette grillées, frottées à l'ail et à l'huile d'olive. Ajouter une gouttelette de vinaigre balsamique, si on en a du très bon sous la main. Variante conseillée par un addict qui s'en gave quasi quotidiennement, vers 17 heures, quand la fringale le crucifie : des « Shuttles » de Delacre, tartinés de fromage blanc ou de tapenade, et coiffés d'une tomate séchée. Et pourquoi pas sur les croûtons au chèvre chaud de la salade ? On se moque, bien sûr. Jamais vous ne prépareriez des trucs aussi évidents. En revanche, sur un petit « crostini » de bruccio ou de chèvre frais bio (la même chose en plus tendance), vous ne dites pas non, et vous avez bien raison...

« Customiser » nos salades habituelles. En émincant les tomates en languettes sur la salade de **haricots blancs**, celle qui sort tout droit de la barquette du traiteur grec. C'est aussi du plus bel effet sur les **lentilles tièdes** ou sur des salades à petites feuilles (**roquette**, **mesclun**, **mâche**...) avec du **cabillaud vapeur** émietté, des **cœurs d'artichauts** (surgelés), et une vinaigrette citronnée. Et ça ne peut vraiment pas faire de mal dans les tomates mozza (voir le chapitre mozzarella).

En glisser, égouttées et roulées façon **mouillette**, dans les **œufs à la coque**. Ben oui, dans les œufs à la coque. Très chic, très désinvolte. Comme si c'était prémédité de longue date. Et non pas parce que c'était la seule option, vu le vide sidéral du frigo. Après ça, chaque fois qu'on fait des œufs (au plat, brouillés, etc.), on sort nos tomates. Coupées en tout petits dés dans l'**omelette** avant cuisson, quelle bonne idée, et quelle jolie couleur ! Penser à ciseler du basilic par-dessus, *in fine*.

Transfigurer les vinaigrettes. Exemple : l'été, sur un étal très tendance, on glane des tomates de différentes couleurs, textures, variétés. On les détaille en rondelles, on saupoudre de persil plat (ou de marjolaine, ou d'origan, ou de sarriette), on fait la sauce avec de l'huile d'olive, du vinaigre balsamique, une gousse d'ail pressée et des tomates séchées mixées. Ou encore, on les coupe aux ciseaux, en tout petits dés, dans la vinaigrette des **asperges vertes**.

Bricoler des sauces de pâtes renversantes.
Pas sûr qu'elles passeraient la rampe auprès d'une *mamma* sicilienne, mais elles blufferont les copains pas trop snobs :
– une **fausse *putanesca*** : huile d'olive chauffée dans une poêle avec 1 c. à c. de câpres, un soupçon d'ail

Crostini : le nouveau mot à la mode pour dire croûton ou canapé, si celui-ci est toasté et garni d'ingrédients vaguement italianisants, et bien imbibé d'huile d'olive.

Bruschetta : à l'origine, c'était un truc très rustique, une tranche de pain grillé frotté d'ail et arrosé d'huile d'olive. Sur cette base, on peut y ajouter toutes sortes d'ingrédients à tonalité italienne. Au stand italien du marché, essayez de trouver des sachets de pain Bruschelle, quatre immenses tranches à griller spécialement étudiées pour.

pressé, des tomates séchées en morceaux. Quand ça sent délicieusement bon, on ajoute les pâtes *al dente*, du basilic et de la ricotta émiettée ;

– un **pesto rouge express** : mixer les tomates, des gousses d'ail, du sel, une botte de basilic, des amandes ou des pignons grillés, avec de l'huile d'olive en filet ;

– un **mix cru-cuit sublime** : des tomates pelées, épépinées, coupées en dés et salées, mélangées à des cubes de tomate séchées. Par ailleurs, faire revenir un peu d'ail haché (et du piment si on aime) dans de l'excellente huile d'olive, sans laisser colorer. Ceci fait, verser : 1) l'huile parfumée, 2) le mix de tomates, sur les pâtes brûlantes. Attention, ça refroidit à la vitesse grand V.

Doper les viandes blanches en cocotte.

Basique, certes, mais toujours bon à rappeler. Après avoir fait rissoler son **rôti de porc, de veau**, sa **rouelle**, son **jarret**, son **osso bucco,** avec du beurre et des échalotes, une fois le vin blanc évaporé, et le bouillon ajouté, incorporer les tomates séchées qui sont toujours plus parfumées que les fraîches, même en saison. Un bon truc : pour rattraper une **ratatouille** un peu fadasse, la dessécher à four doux pendant 1 ou 2 heures, en compagnie de quelques tomates séchées, embauchées pour jouer les exhausteurs de goût.

Farcir des bricks. Écraser à la fourchette de la **ricotta** avec de la coriandre ciselée, des petits morceaux de tomates séchées, plus un peu de leur huile pour le goût et l'onctuosité du mélange. Saler-poivrer à sa guise, et déposer des petits tas sur des feuilles de brick, qu'on plie en chaussons triangulaires, en suivant les dessins du paquet. Badigeonner de beurre fondu, et faire dorer-croustiller au four à 200 °C. À vous d'inventer des variantes.

Avec les tomates séchées en purée

Récemment commercialisée, cette pâte concentrée en goût est ultra-pratique à utiliser. Celle du rayon « épicerie sèche » de Picard Surgelés est particulièrement réussie. Bien sûr, vous pouvez mixer la « purée » vous-même, dans la cuve du robot, avec des tomates à l'huile grossièrement égouttées, pour réaliser ensuite les petites choses ci-dessous :

Des minitartes fines avec une pâte feuilletée du commerce. Le truc qui change tout ? Découper des rond dans la pâte avec un verre retourné (laissez-les sur le papier sulfurisé). Tartiner de purée de tomates séchées, garnir d'un petit bout de mozzarella, sel, poivre, origan (ou thym, ou romarin...), huile d'olive. Au four à 200 °C,

10 à 15 minutes. Le principe s'applique aussi à toute tentative de **pizza maison** : enrichir le coulis de base de purée de tomates séchées, ça n'a plus rien à voir. Ou de **tarte à la tomate** inspirée d'une vieille recette familiale (mais si, vous savez, le genre « moutarde, tomates, lamelles de cantal » qui vous suit, chaque été, dans la maison de location).

Une pâte à tartiner : mixer du **carré frais**, ou du **chèvre frais**, avec la purée de tomates séchées. Proportions à votre convenance, en fonction du goût et de la consistance souhaitée. Relever avec du Tabasco, parfumer avec du romarin. Fluidifier avec un filet d'huile d'olive. Savourer à l'apéro.

Et toutes sortes de farces sur le même principe : tomates fraîches en dés égouttées + tomates confites + feta (ou ricotta, ou brousse de brebis) + thym + huile d'olive. Se malaxe à la fourchette et se glisse au four dans des « petits farcis » simplifiés : tomates cocktail, tronçons de courgettes, mini-aubergines, etc.

Ça vaut le coup de les faire soi-même ?

Vous voulez vraiment notre avis ? Pourquoi pas, si vous êtes en vacances dans une sublime maison provençale ou toscane, équipée d'un « piano » de professionnel à 5 200 euros HT, et si le tout se trouve près d'un marché « supersympa », où l'autochtone jovial brade des caissettes d'excellentes tomates... Pourquoi pas, si le photographe de « ELLE On Mange » est dans les parages, pour immortaliser cette touchante séance d'harmonie familiale (car vous aurez, bien sûr, associé vos enfants blonds à la préparation)... Si toutes ces conditions sont réunies, elles seront sans doute délicieuses, vos tomates, mais on ne vous garantit pas qu'elles se conserveront aussi longtemps que celles du marchand. Notre conseil : faites comme les Italiens. Trouvez un bon fournisseur de tomates séchées (souvent, le monsieur qui tient le stand d'olives au marché), achetez-les toutes racornies, réhydratez-les soit à la vapeur, soit au micro-ondes (dans un petit bol avec un fond d'eau), égouttez et essuyez soigneusement pour éviter tout risque de moisissure. Puis plongez-les dans de la vraie bonne huile d'olive, avec de l'ail en chemise, un petit piment, de l'origan, du romarin... Un bon compromis, n'est-ce pas ? Une fois la réserve épuisée, inutile de vous dire que cette huile-là, c'est d'enfer sur des pâtes, de la romaine ou de la pizza maison...

Assez bluffant : la version en poudre, explosive en bouche, géniale à saupoudrer où bon vous semble, commercialisée par Olivier & Co, en dosettes.

PRODOTTI DI QUALITÀ

Le parmesan

Il doit vraiment se frotter les mains, le chargé de communication de Parmesan Inc. Vous vous rendez compte ? Il y a 30 ans (c'est quoi, 30 ans ? Rien du tout), c'était déjà le roi des fromages italiens, le plus noble, le plus célèbre, le plus ceci-cela, sauf que personne, en France, n'en consommait ou presque. Pour s'en procurer, il fallait passer la frontière. Il y a 30 ans donc, de ce côté-ci des Alpes, on élevait les enfants au gruyère râpé, celui qui fait des fils dans la soupe et emmaillote les coquillettes agglutinées. Sérieusement menacé, aujourd'hui, le monopole du gruyère râpé ! Dans notre propre foyer, sur un échantillon représentatif de trois gamins, on a constaté que le mot « parmeson » (sic) était dans 100 % des cas le premier nom de fromage que l'enfant de 2-3 ans prononçait, à l'âge où il commence à se battre férocement avec ses frères et sœurs pour terminer le fond du sachet (mouiller l'index de salive, tremper pour faire adhérer quelques paillettes de fromage, recommencer jusqu'à épuisement de l'ingrédient convoité, en ignorant les piaillements scandalisés des concurrents). Il faut dire également que, pour séduire aussi les adultes, ils ont eu une idée de génie, chez Parmesan Inc. : le coup du copeau. Tellement plus chic, tellement plus *in* : sur l'omniprésente *rucola* (roquette, en VO) et sur son compatriote le carpaccio, on ne râpe plus le parmesan, on le rabote à l'économe. Économe qui sert désormais plus souvent à sculpter des copeaux de fromage qu'à éplucher des carottes.

Les vrais fondus du *parmiggiano* peuvent d'ailleurs investir dans leur passion : râpes ergonomiques sécurisées vendues à des prix que la morale réprouve dans les boutiques spécialisées, petits couteaux *ad hoc* pour attaquer une meule particulièrement coriace, ou même, on l'a constaté avec stupéfaction, disque « spécial parmesan » sur les plus sophistiqués des robots Magimix... Vous avez la panoplie complète ? C'est que vous savez déjà que le divin parmesan (on se moque, mais on l'adore) a bien d'autres emplois que d'accompagner les pasta et le risotto. Si ce n'est déjà fait, essayez-le aussi :

Avec les poires. Pour se rappeler que c'est, avant tout, un excellent fromage, rien de mieux que de le servir, encore jeune, avec des poires bien fermes, goûteuses, juteuses, mais pas trop mûres. Ça peut donner le plateau « fromage et dessert » du dîner, se conjuguer en salade (**mâche**, **poire en lamelles**, **parmesan**, une splendeur, à peine besoin d'assaisonner) ou en entrée très chic avec, pour chaque convive, un petit bol de morceaux de poires citronnées, un petit bol de cubes de parmesan artistiquement irréguliers, des gressins et de la **charcuterie italienne**. Succès assuré, si chacun des composants est au top !

En « dentelle » comme au restaurant chic. Pas sorcier à faire, les fameuses **tuiles au parmesan** sont somptueuses avec le champagne. Mais entraînez-vous une fois ou deux avant le réveillon : chaque four est différent, et la maturité de votre fromage joue aussi sur le résultat. Méthode de base ? Disposer sur une plaque antiadhésive des petits tas (1 c. à c. bombée) de parmesan râpé gros. Glisser au four préchauffé à 180 °C environ 5 minutes, en surveillant bien. Le secret ? Il ne faut pas que ça dore, sinon ça devient amer. Une minute après la sortie du four, décoller les petites crêpes et les transformer en de magnifiques tuiles en les appliquant sur le rouleau à pâtisserie (ou sur une bouteille). Il y a d'autres recettes, évidemment, avec de la farine (1 à 2 c. à c. pour 100 g de parmesan), mais franchement, on ne voit pas ce que ça apporte. Après, si on devient pro, on investit dans la plaque en silicone, les cercles à pâtisserie, etc. On raffine en ajoutant du cumin, du sésame, du poivre, du thym... Parfois, aussi, on réussit mieux son coup (c'est plus facile à surveiller) en faisant cuire ses « dentelles » de parmesan cinq par cinq, à la poêle antiadhésive, et sans laisser roussir surtout.

En croustillants minute : des petites choses apéro moins spectaculaires que les tuiles, mais délicieuses, et moins lourdingues que les « sablés au parmesan » qu'on croise parfois. Badigeonner une feuille de brick de jaune d'œuf battu, saupoudrer de parmesan frais râpé, bien poivrer. Cuire sur une plaque, à 180 °C, 4 à 5 minutes, en gardant l'œil rivé sur l'intérieur du four. Quand ça colore, vite vite, sortir du four, laisser refroidir sur une grille. Puis briser en morceaux irréguliers, selon l'inspiration. On obtient des **fausses tuiles** ou **chips**, ou encore – si on veut bluffer son monde – des stalactites de parmesan, à planter dans... disons, un **sorbet au basilic** ?

Avec les asperges, les vertes surtout. Vous avez remarqué, c'est devenu un genre de must, ces dernières années. Oui mais c'est quoi, la bonne façon de procéder ? En voici quatre, des plus évidentes aux plus raffinées :

– avec les asperges « sautées ». Les précuire 10 minutes à la vapeur, puis les poêler à l'huile d'olive, avec des lanières de bacon, de la pancetta, ou de la ventrèche. Servir à l'assiette, avec des lichettes de parmesan découpées à l'économe ;

– avec des asperges cuites à l'eau ou à la vapeur. Les assaisonner d'une petite vinaigrette à l'huile d'olive et au vinaigre balsamique, puis garnir de parmesan en copeaux. Un bon truc : si votre balsamique est quelconque, faites-le réduire dans une petite casserole, pendant la cuisson des asperges, pour en concentrer la saveur ;

– plus subtil : faire fondre du parmesan râpé dans un beurre fondu citronné, en fouettant non stop, et verser sur les asperges tièdes ;

– dernière option : un vrai beurre noisette, dont on arrose généreusement les asperges, sur lesquelles on a râpé le parmesan. À s'en lécher les doigts. Ça tombe bien, c'est permis, avec les asperges.

Outre les asperges, se souvenir que le parmesan sauve de la banalité pas mal de **légumes cuits vapeur ou grillés**. Côté grillés, on conseille : les **artichauts poivrades** en lamelles (qu'on ne trouve jamais déjà parés, hélas, comme sur les marchés italiens), les **aubergines**, **courgettes** et consorts... Quant aux « vapeur », sortez votre économe pour en saupoudrer les tristes **brocolis** ou les discrets **pois gourmands**.

Avec les épinards aussi, ça se défend. Des copeaux de parmesan sur une salade d'épinards frais, huilés et citronnés, c'est tout simple, et ça change de la roquette. Des copeaux de parmesan (ou mieux, du parmesan râpé, pour qu'il fonde) sur des **épinards frais** « tombés » à l'huile d'olive, à la poêle et à couvert, pendant une dizaine de minutes, ça s'impose. Avec des œufs au plat agrémentés de trois gouttes d'excellent balsamique, voilà des « œufs à la florentine » déstructurés, et donc un déjeuner du dimanche tout ce qu'il y a de plus tendance.

Et avec les courgettes ? Mmoui, pas mal non plus. Indispensable, même, sur les petites **courgettes crues**, finement émincées au robot, et servies avec de la bonne huile d'olive, du jus de citron et des pignons et... tiens, un peu d'estragon. Testez aussi le parmesan dans la petite **soupe froide** qui suit, et qui devrait vous valoir l'estime de vos amis. Mixer 1 kg de courgettes à peine cuites à la vapeur au robot avec le jus de 1 un citron, 2 verres de lait ribot (au rayon lait frais du supermarché, ou dans les épiceries arabes : ça se boit avec le couscous), 1 botte de basilic ciselé (ou d'estragon), du sel, du poivre, un filet d'une très bonne huile d'olive, et un beau morceau de parmesan râpé (150 g) qui viendra relever et velouter tout ça. Allonger avec la quantité de lait nécessaire, et mixer à nouveau jusqu'à la consistance idéale. Glisser au frais quelques heures, et juste avant de servir, fouetter vigoureusement pour que ça mousse un peu. Faute de lait ribot, on peut utiliser du yaourt bulgare, mais c'est moins délicieusement aigrelet.

En base de panures et de chapelures.
Un grand talent méconnu du parmesan ? Se marier avec la chapelure pour enrober subtilement plein de **petites choses panées**, pleines d'esprit à l'arrivée. Démonstration : au départ, pour s'entraîner,

on se contente de mélanger fifty-fifty **chapelure et parmesan**. Puis on se livre à la procédure habituelle : poudrer de farine salée-poivrée, passer dans l'œuf battu, rouler dans la chapelure, et cuire. Très efficace avec... des **blancs de poulet** en grosses lanières, des petites **escalopes** de veau, un reste de **purée** ou de **risotto** bien ferme, en galettes ou en boulettes, des grosses **rondelles d'aubergines** ou de **courgettes**.
Une fois qu'on maîtrise la manœuvre, on se lâche.
Avec le robot, on peut faire sa chapelure soi-même (avec des biscottes, des Krisprolls, des toasts Melba).
Enrichir le mélange de **pignons** ou d'**amandes grillées pulvérisées** (chapelure d'amandes et parmesan, génial avec le veau ou la volaille), d'**épices** (paprika, idem), d'**herbes très finement hachées : persil, coriandre, thym, origan**...
Cette préparation peut aussi constituer la base de délicieux **crumbles salés**. Ou, par exemple, être saupoudrée sur les asperges au beurre noisette ou citronné dont on vous parlait plus haut.
Encore une piste ? Enduire un **carré d'agneau**, en deuxième partie de cuisson, de beurre en pommade manié avec une chapelure de parmesan à la coriandre et au cumin. Redoutable.

Dans la purée ou la polenta. Vous y auriez pensé ? D'accord, alors on va raffiner. Pendant que la polenta cuit, ébouillanter 2 bottes de persil, rincer sous l'eau bien froide et essorer. Mixer au robot avec du sel, du poivre et un filet d'huile d'olive. Oh le joli coulis bien vert ! Râper un beau morceau de parmesan. Mélanger le tout, vivement, à la polenta qu'on verse dans un moule à cake huilé. Laisser refroidir, trancher, puis réchauffer au micro-ondes juste avant de servir. Résultat ? Des tranches de polenta jaune maïs, piquetées de vert, du plus bel effet pour accompagner le lapin ou la pintade. Raffinement total : verser dans le moule à cake, une couche de polenta, puis le coulis de persil au parmesan, puis de la polenta, etc., pour obtenir... des tranches de polenta napolitaines !

Dans une tarte salée toute simple. On en a testé, des recettes où le parmesan tenait la vedette, y compris une improbable « tatin de poires au parmesan », qui n'est pas restée dans les annales des grandes réussites familiales. En revanche, celle-ci, simplissime, est un bon joker les jours de frigo maigre. Sur une pâte feuilletée du commerce, on répartit des **oignons rouges en fines rondelles**, revenus à la poêle dans de l'huile d'olive, on parsème de thym et de plein de copeaux de parmesan. En version mini (il suffit de découper des cercles ou des rectangles dans la pâte), c'est tout bête, mais ça paraît soudain d'un raffinement inouï, surtout avec une bonne roquette.

Avec la viande crue. OK, on enfonce un peu des portes ouvertes, en rappelant que le parmesan en copeaux, sur le **carpaccio** (huilé et citronné, ou nappé de pesto) c'est quand même un grand moment. Alors, pour varier, on fait dans le carpaccio alternatif : à la place du bœuf, glisser de la noix de veau ou du filet d'agneau (soudoyez votre boucher : c'est le petit rond moelleux de la côtelette) sous les copeaux de parmesan, ça vous fera reconsidérer la chose. Autre alliance fantastique, au rayon viande crue : incorporer du parmesan râpé gros, ou « émietté » au robot, dans son **steak tartare** préféré. Au passage, en profiter pour italianiser quelque peu l'assaisonnement habituel (oignons hachés, jaune d'œuf, câpres, moutarde, Worcester sauce), en y mettant des tomates séchées en tout petits dés, et du basilic à la place du persil...

Puisqu'on y est, au **rayon haché** : on se lance dans le *polpettone*, le pain de viande au parmesan des familles italiennes : pour 4, malaxer dans une terrine ou un saladier 600 g de steak haché, salé (un peu), aillé (de l'ail pressé), poivré (pas mal), muscadé (pas mal non plus) avec 2 œufs entiers, 1 botte de persil haché (ou moitié persil, moitié coriandre) et 2 poignées de parmesan râpé. Former une sorte de grosse saucisse, rouler dans la chapelure et cuire une trentaine de minutes à la cocotte (en la retournant à mi-cuisson) dans un mélange beurre/huile d'olive. Si on est pressé, faire plutôt des boulettes de la taille d'une noix, qui cuiront 10 minutes à feu moyen. Déguster avec une salade, une purée, et des enfants ravis, forcément...

Côté dessert ? Vous savez déjà tout le bien qu'on pense du duo **poires et parmesan**. Les **noix**, bien sûr, sont aussi des partenaires de choc pour un *parmiggiano* bien affiné. Quant aux **figues**, servies avec un beau morceau de fromage, lui-même rehaussé de quelques gouttes de vrai « vinaigre balsamique traditionnel de Modène » (voir ce chapitre), c'est encore un truc à ne pas rater. Pour faire du genre ? En glisser quelques copeaux sur des figues rôties au four, avec une pointe de miel et du beurre, mais pas trop d'épices. On termine la cuisson plus près du gril, en surveillant bien, surtout.

Padano ou reggiano ?

Ouh là ! Sacré micmac au rayon fromages italiens râpés : le succès du parmesan fait des envieux, qui aimeraient bien profiter de l'aubaine. L'idéal, ce serait de l'acheter chez le fromager, râpé sous vos yeux. Mais c'est aussi le plus ruineux. Pour se guider au supermarché, il suffit de retenir juste ça : le vrai parmesan, c'est le *reggiano*, et c'est forcément écrit dessus. Il provient de grosses meules de 30 kg, produites aux alentours de Parme et souvent affinées deux ans voire plus. Il est cher et c'est normal. Quant au *grana padano*, plus abordable, ce n'est pas un bête ersatz. Mais un vrai fromage au lait de vache, originaire de la plaine du Pô, fabriqué selon les mêmes méthodes, à la texture granuleuse et au fruité... assez proche du parmesan, il faut bien le dire. Donc, pas de snobisme mal placé : en grande surface, l'important, c'est de prendre du « râpé frais », en sachet ou en pot, et pas ces petites boîtes de poudre de fromage pulvérisé. À fuir aussi : les mentions suspectes type « parmesan » tout court ou « fromage râpé d'origine italienne ».

La menthe fraîche

Chez le marchand, elle embaume, toute pimpante et chargée de promesses. Mais une fois débarquée dans notre cuisine, qu'on lui fasse faire trempette dans un verre ou qu'on l'enroule au frigo dans un linge humide, elle s'étiole, elle noircit, elle dépérit vite. Si on ne l'utilise pas tout de suite, une fois sur deux, la moitié de la botte part à la poubelle. On ne va quand même pas en flanquer partout, ce serait idiot. Avec la (forte) personnalité qu'elle a, elle ne s'entend pas avec tout le monde. C'est vite loupé, un truc à la menthe, c'est facilement bateau, ça manque de subtilité, ça emporte tout sur son passage. Et puis les alliances habituelles, on a fini par s'en dégoûter un peu. La menthe et le chocolat ? C'est devenu aussi excitant que de se descendre un paquet d'After Eight un soir de déprime devant un téléfilm. La menthe et les fruits rouges ? Impossible ou presque, depuis que le moindre troquet vous en ponctue les mauvais fraisiers ou les horribles bavarois, sur leur lit de crème anglaise synthétique et virgules de chocolat industriel. La feuille de menthe prétexte ? « L'ultime oripeau décoratif, un non-sens de pâtissier flemmard, une faute de goût », écrivait Sébastien Demorand dans le regretté magazine *Fooding*. D'accord. Mais, à part dans le génial mojito, on en met où ?

Tout le monde en a ras le bol, de votre **concombre au yaourt et à la menthe** ? (Même si vous émincez finement la chose, et si vous ajoutez plein d'ail, façon tzatziki ?) Il va falloir ruser, et passer à la version **potage glacé**. Sur la même base, il y a plein de choses à faire, assez inratables avec un blender, ou avec un robot normal (ce sera mixé moins finement, c'est tout). Par exemple : mixer 1 concombre avec 4 yaourts bulgares, un verre de lait et un petit bouquet de menthe. Saler-poivrer, et avant de servir, ajouter un filet de miel d'acacia dans chaque bol. Pour varier ? Remplacer le yaourt par du lait fermenté (lait ribot), dont le petit goût aigrelet ravive à merveille le mélange, lui donnant une touche « moyen-orientale » bienvenue. Après, bien sûr, rien ne vous empêche d'épaissir avec de la crème fraîche normande. Ou de mettre de la coriandre ou de l'aneth, et/ou des baies roses pilées au mortier, etc., vous trouverez bien.

Autres meilleurs copains de la menthe, au rayon légumes verts : les **petits pois frais**, bien sûr. L'entente cordiale entre ces deux-là apparaît comme une évidence, ne serait-ce que dans une bête **purée**. Plongez les petits pois dans l'eau bouillante : quand ils remontent à la surface, comme les ravioles ou les gnocchis, ça veut dire que c'est prêt. Mixez-les jusqu'à la consistance souhaitée avec un peu d'eau de cuisson, ajoutez 1 c. à s. de crème fraîche pour l'onctuosité, et des feuilles de menthe. Grand classique aussi, le **potage glacé**. Recette de base : jeter 1 kg de petits pois frais dans 1 l de bouillon de volaille (ou d'eau salée, pour un goût plus « nature »). Quelques minutes plus tard, quand c'est cuit (goûtez donc, en essayant d'attraper un spécimen dans la casserole : un excellent jeu d'adresse), ajoutez une briquette (20 cl) de crème liquide et une vingtaine de feuilles de menthe ciselées. Laissez infuser, mixez, et quand c'est tiède, réfrigérez. Mais l'hiver, servi **chaud**, avec des petits pois surgelés, c'est pas mal du tout non plus, avec de la menthe ciselée et quelques amandes grillées concassées sur chaque assiette.

On continue l'inventaire des **légumes qui aiment la menthe** (à petite dose, toujours) et réciproquement ? Alors, nous avons, eh oui, les **poireaux vinaigrette** : c'est frais et inattendu, comme alliance. Nous avons aussi les **haricots verts**, en salade notamment, les **pois chiches**, en salade aussi, les **épinards à la crème** (ça les réveille) et les **brocolis**, si on est fan. Sans oublier les petits **artichauts poivrades**, bien sûr, qu'on peut cuire de différentes façons : en cocotte, dans un mélange huile/oignons frais par exemple. Ajouter les poivrades parés-citronnés et coupés en quatre, couvrir d'un peu d'eau, et quand c'est presque cuit, mettre la menthe ciselée. Pas mal non plus : les parer, les couper en deux, les faire mariner au moins 1/2 heure dans le jus de citron avec ail haché, sel et poivre. Puis mettre au four – gril allumé mais loin du gril – avec de la menthe, environ 20 minutes. Plus simple encore : juste des fonds d'artichauts surgelés, cuits dans un mélange eau/jus de citron, ail et thym. Égoutter, puis servir tiède en salade, avec une vinaigrette huile d'olive + citron + menthe.

La menthe fraîche, testez-la aussi sur des **petites courgettes crues** râpées, assaisonnées d'huile d'olive et de citron. Ou sur des **courgettes en lamelles** émincées à l'économe. On les poêle à l'huile d'olive, et on les égoutte vaguement sur du papier absorbant. On les dispose sur un plat avec de l'ail pressé et de la menthe ciselée, on glisse au frigo 2-3 heures, on ajoute quelques gouttes de jus de citron juste avant de servir. Même technique, et même délicieux résultat, avec des lamelles d'**aubergines** huilées saisies recto verso sur le gril. Pendant qu'elles sont encore chaudes, les arroser d'un mélange huile + ail + vinaigre balsamique (génial avec les aubergines) + menthe. Et laisser mariner quelques heures avant dégustation. Si vous aimez l'aigre-doux, ajoutez un peu de miel d'acacia dans la marinade.

Et puis un paragraphe spécial, il faut bien ça, pour vous parler des amours de la **menthe** et de la **tomate**. D'abord, une fois, juste une fois, remplacez le basilic par de la menthe dans votre salade de tomates. Là-dessus, un peu de fleur de sel, même pas de vinaigre, et une huile d'olive très verte, très « ardente », comme disent les spécialistes. Pas mal, non ? En Italie, en Sicile notamment, le mélange est courant, traditionnel même, en particulier dans la sauce tomate. Alors, ne serait-ce qu'une fois aussi, lancez-vous dans une **sauce tomate maison,** ultrasimple : on fait revenir 1/2 heure dans l'huile d'olive 1 kg de tomates coupées en quatre et 2 oignons hachés, en compagnie d'une branche de laurier. Ôter celle-ci, passer au tamis ou au moulin à légumes si on est perfectionniste (pour enlever les peaux), remettre dans la casserole et laisser mijoter et épaissir 1 heure à feu doux, en ajoutant vers la fin sel, poivre, piment, et 1 c. à s. de sucre. Le secret ? Quand la sauce est prête, verser le hachis suivant : 1 c. à s. de câpres + 3 gousses d'ail + 2 beaux bouquets de feuilles de menthe, le tout mixé avec quelques cuillerées d'huile d'olive. Vos penne ou vos farfalle ne vont pas en revenir...

Encore un truc à piquer à nos copains transalpins ? La menthe avec l'**espadon**, une alliance typiquement sicilienne (il semblerait qu'il reste quelques espadons dans ce coin-là de la Méditerranée...). Là-bas, on accommode l'**espadon fumé** (celui qu'on achète sous cello comme le saumon) d'un filet d'huile d'olive, fouettée avec de la menthe ciselée et du jus de citron. Même principe, avec un **pavé d'espadon** poêlé, grillé, ou en brochettes. Expérience faite, ça marche aussi avec un pavé de **thon** ou un dos de **cabillaud**. Quand on maîtrise la recette de base, on peut raffiner en ajoutant dans la sauce de l'ail, du persil, de la coriandre, du piment (façon *salsa verde*, voir chapitre « coriandre »), en remplaçant le jus de citron par du jus de clémentine, etc.

Madame la Menthe s'entend aussi à merveille avec toute la famille **fromages frais**. Les « bien-de-chez-nous » (**chèvre frais** du fromager ou « Petit Billy » et consorts du supermarché) et les assimilés : **feta, ricotta**, etc. Pour un apéro un tantinet élaboré, travailler à la fourchette de la ricotta (par exemple) avec un peu de mie de pain trempée dans du lait et des herbes variées (ciboulette, menthe, persil), rouler en petites boulettes, puis rouler celles-ci dans la menthe hachée très fin, en pressant pour que ça adhère. Résultat ? Très vert, très frais, très printanier.

On peut aussi enfourner des **bricks** (en cigare, en triangle, en ce que vous voulez) badigeonnés de beurre fondu pour faire dorer, et surtout farcis de chèvre à la menthe, ou de feta (allongée d'un filet de crème liquide) à la menthe. Ou encore écraser grossièrement de la feta avec de la menthe ciselée et de l'huile d'olive très fruitée (celle qui rappelle irrésistiblement la sensation du brin d'herbe mâchouillé) et glisser le tout dans le fond d'un demi-**melon** à point. Rien à ajouter, c'est parfait.

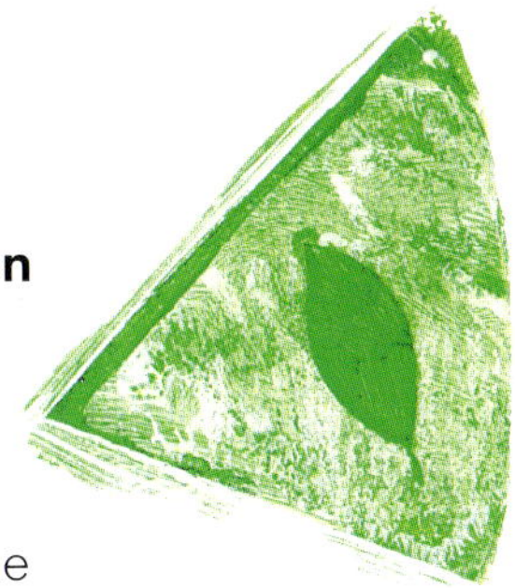

Un grand classique ? Tellement connu que finalement, on n'y pense plus et on n'en mange plus jamais ? La menthe avec l'**agneau**. Pour la redécouvrir, une version simplissime de la *mint sauce*, à servir avec le **gigot** (qu'on n'est pas obligé de faire bouillir !) : mélanger 3 c. à s. de menthe ciselée, 3 c. à s. de vinaigre de vin blanc et 1 c. à s. de sucre. Pas de cuisson, basta. Servir la sauce à part, après avoir découpé la bête comme on peut (nous, plutôt mal, en général). Pas mauvais non plus : un mélange yaourt grec + ail pressé + feuilles de menthe (plus un peu de paprika ou de flocons de piments, pour la jouer « tzatziki à la turque »), servi en accompagnement d'une **épaule** d'agneau et ses petites patates au four, ou de **souris** d'agneau en cocotte aux petits légumes de printemps.

Juste une manière de réinterpréter la chose :
on ne menthole plus l'agneau, on parfume les **patates**.
Servir l'agneau rôti avec des petites pommes de terre
vapeur nappées de sauce au yaourt à la menthe et à l'ail.
Ou encore plus surprenant pour le palais,
avec des pommes de terre... sautées à la menthe
et au beurre salé. C'est fondant et pointu à la fois,
et tout bonnement extra.

Comme la coriandre (voir ce chapitre), la menthe,
c'est exquis avec le **riz**, toutes sortes de riz.
À commencer par le risotto, quand on en maîtrise
la technique. Lequel ? Un **risotto aux herbes**,
toutes sortes d'herbes, du thym frais, du romarin,
du basilic, du persil plat, de la menthe et même
de la mélisse, si vous en croisez au marché.
On les ajoute vers la fin, mais pas tout à fait,
quand on en est aux deux dernières louches de bouillon,
avant de laisser reposer et de lier l'affaire avec du beurre
bien froid et du parmesan (et du mascarpone,
si ça manque de crémeux). Parfait aussi avec un **risotto
au citron**, plein de jus et de zeste râpé : pour une fois,
de la menthe, on peut en mettre plein, profitez-en.
Ou un risotto dans lequel, avant le riz, on a fait colorer
des **courgettes** en rondelles et des échalotes dans l'huile

d'olive, jusqu'au degré de « tendreté » requise.
Plus basique : verser sur le riz basmati une petite sauce *home-made* à base de crème fraîche, de menthe ciselée et de noix de coco râpée (ou de lait de coco).
C'est comme ça qu'on le sert, peu ou prou, dans les restaurants indiens vraiment *roots* du faubourg Saint-Denis à Paris, et c'est fameux avec du poulet tandoori.

En vrac ? Ça n'entre dans aucune catégorie, mais on a testé et approuvé : la menthe sur des **légumes grillés** (courgettes, poivrons, aubergines), assaisonnés de **sauce aigre-douce** (rayon asiatique du supermarché) ; la menthe sur les ***noodles***, les nouilles chinoises qu'on se bricole dans un coin de la cuisine, et qu'on arrose d'une petite sauce miel et soja ; la menthe dans la **soupe de potiron** au gingembre (voir ce chapitre), à dose homéopathique toutefois ; la menthe ciselée, tout à la fin, dans la **soupe de tomate** brûlante (un régal) ; la menthe dans la **compote de pommes** salée-poivrée, qu'on sert avec le boudin blanc, la saucisse ou la pintade rôtie ; la menthe dans l'**omelette façon corse**, à la brousse, ciselée au dernier moment, pendant que le fromage émietté fond délicieusement sur les œufs.

En dessert ? On ne va pas vous encourager dans cette voie, on est idéologiquement contre. À part peut-être avec la **rhubarbe**, pochée dans un sirop en compagnie de quelques tiges de menthe. Ou avec quelques **nectarines** émincées bien fermes, saupoudrées de sucre glace, de jus de citron, et d'un tout petit peu de menthe fraîche.

Non, plutôt que tous ces cache-misère, ces alliances pas franches du collier trop souvent censées doper des fruits pas terribles, on préfère finir le bouquet en beauté, dans les **boissons d'été**. L'**eau à la menthe** (rien à voir avec la menthe à l'eau !), obtenue en glissant, quelques heures à l'avance, une poignée de tiges dans la carafe, vous connaissez ? Ajoutez donc quelques gouttes d'eau de rose (ou de sirop de rose), et vous allez voir : il y a tout le Moyen-Orient là-dedans, dès la première rasade, et c'est nettement moins calorique que les loukoums. Pas porté sur la rose ? On en reste à la **citronnade** : du jus de citron jaune, du sirop de sucre de canne, de la menthe ciselée et beaucoup de glace. Pour un petit sniff napolitain : un **granité au citron**, mêmes ingrédients, sauf qu'au lieu de la glace, on laisse prendre la chose au congélateur. En tournant de temps en temps à la fourchette...

Un bon thé à la menthe (enfin)

Quand on se lance là-dedans tous les 36 du mois, à la fin d'un dîner vaguement marocain, on le rate une fois sur deux. Faute de maîtriser les bons gestes. Plus jamais ça ! La procédure à intégrer une fois pour toutes :

Pour une théière pour 6

Mettre 3 c. à c. rases de thé vert Gunpowder dans la théière. Couvrir d'eau frémissante, laisser infuser 2 minutes puis vider délicatement la première eau, en gardant le thé. Ajouter un beau bouquet de menthe sans les queues et 3 c. à s. de sucre minimum. Couvrir d'eau frémissante et laisser infuser 5 minutes. Très important : pendant que le mélange infuse, à deux ou trois reprises, verser un verre de thé, puis le reverser dans la théière, en profiter pour mélanger à chaque fois. Ne pas zapper la manœuvre : c'est ce petit plus qui développe pleinement l'arôme. Après, il ne reste plus qu'à acquérir le geste auguste du verseur de thé à la menthe : coude levé 30 cm au-dessus du verre, réussir à remplir celui-ci sans en mettre une goutte à côté. Mais c'est une autre histoire.

le sésame

On s'est habitués à lui, sur le petit pain ou la baguette « fantaisie ». On a pris goût à sa saveur, à son croquant, au point de lui pardonner cette fâcheuse tendance à faire son nid, parfois, entre deux de nos incisives supérieures. Et depuis le jour où on a fait l'emplette de notre première dose, pour les besoins d'un tajine un peu sophistiqué sans doute, on l'a croisé partout, dans les livres de recettes asiatiques, chez l'épicier tunisien du coin, au supermarché bio, au restaurant japonais... Normal, il est cultivé de l'Afrique au Mexique en passant par l'archipel nippon, mais aussi et surtout en Chine et en Inde. Où cette belle plante touffue donne des fleurs, puis des capsules, qui éclatent spontanément à maturité, libérant leur flopée de précieuses petites graines. Eh oui : d'où l'expression « Sésame, ouvre-toi », une info que vous réussirez bien à replacer dans un dîner, ou dans un jeu télévisé. Blanche ou noire, voire jaune ou dorée, la couleur dépend de la variété cultivée. Au Japon, on en raffole, et dans ce pays raffiné, chaque type de *goma* (le sésame) a son nom et son usage précis. Nous n'en sommes pas là. Rappelons juste qu'il est nettement meilleur « torréfié » (poêlé à sec ou passé au four), et qu'il est bourré de vitamines (E, A, B1 et B2), de calcium, d'antioxydants et de ces fameux acides gras insaturés dont on nous rebat les oreilles à longueur de rubriques santé. Voilà pour la bonne conscience quand on pioche à même le bocal, mais ça veut aussi dire qu'il est particulièrement chargé en lipides : le sésame, c'est 50 % d'huile... minimum ! Ses meilleurs alliés en cuisine ? En règle générale : le gingembre, le curry doux, l'ail, les agrumes (salades d'oranges), la sauce soja, le miel, le sirop d'érable, la coriandre. Et en particulier ? On peut aussi s'en servir pour :

Paner des **crevettes** ou des **langoustines**. Allez, pour une fois, commençons par une vraie recette fantasme, simplifiée au maximum certes, mais demandant un peu de patience. Attention : ne se lancer là-dedans que pour 2, ou 4 maxi. D'abord, parce qu'il faut des grosses crevettes crues, chères et pas évidentes à dénicher (si le poissonnier n'en a pas, filer chez Picard Surgelés), ensuite parce qu'on doit les décortiquer avant de les poêler. Enfin, parce que c'est forcément de la cuisine-minute. Décorticage ? Laisser la tête et le bout de la queue, éplucher délicatement tout ce qui se trouve entre les deux, et en profiter pour ôter, avec un petit couteau pointu, le petit boyau noir amer en haut du dos, inratable (le boyau, pas la manip', hélas). Le plus dur est fait. Ensuite, sortir deux assiettes creuses. Dans l'une, battre 1 ou 2 œufs avec un peu de sauce soja ; dans l'autre, étaler du sésame, ou un mélange chapelure/sésame. Faire chauffer l'huile dans la poêle et là, la course contre la montre commence : tremper les crevettes dans l'œuf battu, les enrober parfaitement (mais rapidement) de sésame, poêler 1 minute de chaque côté : ça doit être grillé, mais pas carbonisé ! Conseillé : procéder en plusieurs fois, en déposant au fur et à mesure les bestioles sur du papier absorbant. Saler et servir avec une petite salade délicate (mélange d'herbes et de jeunes pousses), ou vaguement asiatique (cubes d'avocat, de tomates, oignons frais, coriandre à volonté...). Pour un dîner en tête-à-tête, ça fait son petit effet. Remplacer éventuellement les crevettes par des langoustines, hélas encore plus délicates à décortiquer (les précuire 1 minute 30 à l'eau bouillante salée peut aider). Version flemme : saupoudrer de sésame torréfié des gambas poêlées à l'huile d'olive aillée (ou aillée-gingembrée).

Beaucoup plus simple, et tout aussi convaincant : sans se lancer dans de la vraie panure, toujours délicate (c'est fou ce que ça brûle vite, le sésame !), penser à parsemer généreusement de petites graines grillées tous ces plats marinés à l'orientale dont on raffole actuellement : **cubes de porc** ou **poulet en brochettes**, marinés dans un mélange huile de sésame + sauce soja + sucre ou miel ou sirop d'érable + ail pressé + gingembre haché + Tabasco ou piment. Si la cuisson s'effectue au four, on peut mettre le sésame les 5 dernières minutes, en retournant les brochettes et en les éloignant un peu du gril. C'est parfait aussi sur des **lamelles de bœuf** ou des **aiguillettes de canard** marinées et sautées au wok.

Fin du chapitre viande et volaille, avec une petite sauce pour napper des **magrets de canard** cuits selon votre technique préférée, et déglacés au vinaigre de cidre. Mélanger rapido 3 c. à s. de sucre, 2 c. à s. d'eau, et 2 c. à s. de grains de sésame sur feu vif. Si tout se passe bien (c'est-à-dire si on a choisi une petite casserole à fond épais et, encore mieux, des plaques à induction qui réagissent au quart de tour) on obtient un caramel. Arroser les magrets, dont la peau croûte un peu, ce qui s'avère délicieux.

On passe au poisson ? Faire mariner des **cubes de thon rouge** (ou un **pavé de saumon**) pendant 1 heure dans un mélange huile de sésame + soja + miel + ail + piment + vinaigre blanc. Égoutter pour commencer la cuisson à la poêle ou au wok, puis ajouter de la marinade au fur et à mesure. Enfin, parsemer de sésame grillé... On peut aussi se bricoler de faux sashimis exquis, en préparant un peu à l'avance, sur des assiettes, des **lichettes de saumon cru**, qu'on tapisse (au pinceau, pour ne pas les noyer) d'un mélange huile d'olive/vinaigre de riz (ou huile d'olive + huile de sésame + soja), disperser du sésame gril accompagner de quelques pousses d'épinards : ça, c'est du plateau télé raffiné !

Le sésame, de toute façon, donne tout de suite un petit côté japonais. On peut en user et en abuser, et commencer tout simplement par agrémenter de petites graines torréfiées le **bol de riz** qui sort du *rice cooker*, ça fait tout de suite plus inspiré. Si en plus, on émiette là-dessus quelques **algues séchées** de l'épicerie nipponne ou bio la plus proche, le tout prend carrément de l'allure.

Restons dans le nippon. Avec ces graines grillées et souvent, ensuite, pilées au mortier (ce qui n'est pas très sorcier), les Japonais confectionnent de délicieuses **petites salades**. En France, elles figurent hélas assez rarement à la carte des restaurants. Raison de plus pour s'en inventer une version maison. Chez eux, le sésame, ça marche très fort avec :
– le **concombre** : en salade, taillé en copeaux à l'économe. On dispose dans des bols individuels, avec quelques algues fraîches (du supermarché bio), et une vinaigrette à l'asiatique (huile de sésame, soja, vinaigre doux...). On ajoute plein de ciboulette et le fameux sésame bien sûr. Encore plus chic : émietter là-dessus le contenu de ce bocal de foie de lotte (ou de morue) rapporté de Noirmoutier l'été dernier, et qui squatte le frigo depuis ;

– les **épinards frais** : on les cuit très peu de temps dans de l'eau bouillante salée, on les plonge dans l'eau froide et on les égoutte en les pressant à la main (attention, ça peut tourner au cauchemar si on en fait des quantités). Piler 3 c. à s. de graines de sésame grillé, ajouter 1 c. à s. de sucre et 1 c. à s. de sauce soja (si on en a, verser un peu de *mirin*, saké sucré, à la place du sucre). On obtient une petite sauce crémeuse dont on enrobe les légumes ;

– même principe avec des **haricots verts** extra-fins cuits *al dente*. La petite salade gagne à patienter quelques heures au frais. Juste avant de servir, parsemer de sésame grillé ; idem avec des pointes d'**asperges vertes**, à peine cuites, taillées en julienne.

Avec des petits bouquets de **brocolis**, c'est pas mal non plus. Ou des brocolis braisés. Les faire revenir, une fois blanchis, dans un peu d'huile avec de l'ail et du gingembre, saupoudrer de sel, de sucre et de vinaigre de riz (ou de cidre). Au moment de servir, parsemer de graines grillées et arroser d'un filet d'huile de sésame. Adaptable à toute poêlée de légumes variés au wok, bien entendu...

C'est tout bête, mais c'est génial aussi – et très décoratif – dans la **salade tiède de pommes de terre** (aux harengs, au saumon) ou celle de **pois chiches**. Si on vous demande comment vous avez eu cette idée, dites que c'est votre interprétation personnelle et déstructurée du *hoummous* méditerranéen, la crème de pois chiches du traiteur libanais, toujours enrichie de *tahini*, comme chacun sait.

Sur les **cubes d'ananas** qui accompagnent les grillades ou les rôtis de porc, le sésame est du meilleur effet aussi. Pour 4, couper un ananas en gros cubes. Dans un saladier, enrober ceux-ci d'un mélange miel liquide + vinaigre de Xérès + poivre. Étaler les cubes en une seule couche dans un plat à four. Oublier le tout 35 à 40 minutes à 210 °C, et quand ça caramélise, parsemer de sésame grillé et laisser brunir encore 5 minutes (si on est pressé, à la place, on peut les poêler).

Spécial fans

Vous adorez cette petite graine, alors vous aimerez aussi :

L**e *tahini* :** une crème constituée de graines de sésame broyées que l'on trouve en boîte dans les épiceries orientales. Indispensable pour faire son *hoummous* maison, pour farcir de petits *pimientos* (en bocal également, rayon espagnol) ou pour customiser sa vinaigrette. Le *tahini* entre également dans la composition du *halva*, le « nougat » du Maghreb.

Le sésame grillé au soja : un délice à traquer dans les épiceries japonaises et à glisser partout. Attention, il est très facile de descendre un sachet juste comme ça, à l'heure de l'apéro.

Le sésame au thé vert : très bon, très chic, en vente chez Mariage Frères.

Le *gomasio* : un mélange de sel et de sésame blond pilé qui s'achète à l'épicerie bio (ou chez les Japonais, qui l'ont inventé, et l'enrichissent parfois de gingembre). Peut remplacer le sel : formidable pour parfumer et (moins) saler toutes les crudités, notamment.

Les Wasa Ronda : on n'a aucun intérêt dans la chose, mais elles sont quand même rudement bonnes, ces galettes suédoises au sésame, à grignoter avec une lichette de comté ou de gouda.

La mozzarella

Évidemment, le premier qui répond « dans la salade de tomates » a perdu. Aujourd'hui, hélas, quand on entend l'expression « tomates mozza », on visualise illico un truc déprimant, comme le self d'entreprise un lundi midi, ou le pseudo-restaurant branché conservé dans le formol depuis les années 80. Pourtant, loin de nous l'idée de cracher dans la soupe, ou plutôt, dans l'antipasti. Bien fignolé à la maison, avec des ingrédients de première classe, ce hit culinaire planétaire reste vachement bon. L'adverbe « vachement » n'étant pas, en l'occurrence, le plus approprié : la bonne mozzarella, comme chacun sait désormais, ne saurait être que *di bufala*. Mais vous êtes-vous déjà demandé à quoi ressemblaient ces mystérieuses bufflonnes, qui ruminent leur vie durant dans les plaines de Campanie (la région de Naples, où la *mozzarella di bufala* bénéficie d'une DOP, l'équivalent de notre AOC) ? Cousines des buffles d'eau des rizières asiatiques (il semblerait qu'elles soient arrivées d'Inde vers le VIIe siècle), ce sont d'élégants bovidés à robe noire, aux cornes recourbées vers l'arrière, qui adorent patauger dans les terrains marécageux. Les experts affirment même que c'est ce qui donne à leur lait ce petit goût à la fois musqué et acide, si caractéristique.

Bien sûr, la fabuleuse saga de la tomate mozza n'a pas échappé aux éleveurs de buffles du reste du monde. Résultat : en Inde et au Pakistan, la production de mozzarella selon des méthodes « à l'italienne » est une activité en plein essor ! Bientôt dans nos supermarchés ? À moins que la surprise ne vienne d'ailleurs, de Suisse, par exemple, autre producteur émergent... Et pour cause : chez les Helvètes, la consommation de mozza a dépassé celle du gruyère ! Bref, on n'a pas fini d'en mastiquer, de notre chewing-gum fromager favori. Raison de plus pour apprendre à le savourer de manière un tout petit peu moins galvaudée...

Première idée simple : la **faire mariner**. Comme notre fromager, qui pratique depuis un bail et en tire de substantiels bénéfices, ce qui finit par être énervant, quand on y pense. L'idée, c'est d'en acheter une ou deux boules d'avance, d'éliminer le petit-lait, et de les immerger dans de la très bonne huile d'olive (meilleure que celle du fromager : n'hésitez pas à investir, vous allez la consommer), en compagnie de feuilles de basilic lavées et bien essuyées, de poivres ou de baies roses en grains, de petits piments oiseaux et de tomates séchées. On enferme le tout dans un bocal quelques jours au frais, et on l'utilise au fur et à mesure de ses besoins, ainsi que la marinade, délicieusement aromatisée, qu'on prélève pour assaisonner la roquette ou les tomates. S'il reste du fromage, il faut ajouter de l'huile à chaque fois pour qu'il continue à baigner. Ainsi, la mozzarella se conserve une quinzaine de jours, mais c'est tellement exquis, l'été, avec une grande salade en kit (et quelques charcutailles italiennes) qu'on ne tient jamais jusque-là...

Deuxième idée simple : un **dip à tartiner** sur des crackers ou du pain grillé. Une mozza non pas « nature », mais transformée, en trois tours de robot, en délicieuse **pâte verte**. Mixer une boule de mozza avec 1 ou 2 c. à s. de son petit-lait, une bonne c. à s. de pesto maison (voir ce chapitre) et un filet d'huile d'olive bien fruitée. On doit obtenir une purée assez épaisse, dont on peut moduler la consistance selon qu'on souhaite l'étaler sur des *crostini*, en farcir des tomates cocktail ou y plonger des bâtonnets de légumes à l'apéro.

Ça change des tomates : une **salade de roquette mozzarella aux pêches et aux pignons**. Comme son nom l'indique, on y glisse tout ce qui suit : 3 pêches blanches en quartiers pour 300 g de roquette, une excellente mozzarella coupée en tranches, 1 à 2 poignées de pignons grillés, le tout assaisonné tout bêtement d'huile d'olive et de vinaigre balsamique. Servie dans un plat creux (dans un vrai saladier, ça tourne vite au rata), c'est une combinaison d'ingrédients miraculeuse, dont raffolent les Italiens : comme eux, une fois qu'on l'a goûtée, on en fait vite un basique de l'été. D'autant qu'on peut la transformer en plat complet, en ajoutant dans le saladier 1 ou 2 poignées de semoule ou de boulghour juste réhydratées et bien séchées dans un torchon (s'y prendre 2 heures à l'avance) et des amandes effilées grillées. En option : quelques feuilles de menthe.

Ça change des tomates (bis) : la **mozzarella aux figues**. Fin août début septembre, des figues bien à point, juste coupées en deux ou quatre,

et artistiquement déposées dans un plat creux... Deux heures auparavant, on aura fait mariner dans un bol ou une boîte Tupperware une boule de mozza coupée en tranches dans une petite vinaigrette à base d'huile d'olive, d'huile de noix (si on a), de jus de citron et d'une pointe d'ail pressé. Ce serait dommage de faire l'impasse sur ce dernier ingrédient, la mozza s'entend très bien avec l'ail.
Quant à la recette ci-dessus, dépêchez-vous de la faire avant que tout le monde s'y mette.
À notre stupéfaction, on a croisé l'autre jour au supermarché des sachets de mozza d'une grande marque, ornés d'une illustration représentant... des figues. Comme quoi les tendances culinaires se diffusent de plus en plus vite !

Ça change des tomates (ter). Le **melon mozzarella** : juste tous les deux ou avec une poignée de roquette, ils vont très bien ensemble. Important : toujours arroser de la meilleure huile d'olive qu'on a en magasin. Prendre le temps de découper le melon en fines tranches. Servir à l'assiette, bien poivré de préférence. Le truc qui change tout ? On ne coupe plus la mozza en tranches, on la « déchire » irrégulièrement, avec ses petits doigts-doigts : on l'a piqué dans un très beau livre de cuisine à la mode (*Cru*, Patrick et Lindsay Mikanowski, Flammarion), où la vedette de ce chapitre faisait équipe, en pleine page, avec un magnifique rectangle de pastèque. Le coup de la lanière de mozza artistiquement déchirée, fallait le trouver, chapeau !

Et si on la chauffait (un peu), cette mozza ? Première option, la plus classique : l'intégrer dans une **sauce de pâtes** (pour 500 g de penne), à confectionner rapido.
Dans une casserole ou une sauteuse, faire chauffer un fond d'huile d'olive, avec une douzaine de tomates séchées et 3 à 4 gousses d'ail écrasées (attention à ne pas le roussir).
Dès que ça embaume l'ail dans toute la maison, ajouter le contenu d'une barquette de 500 g de tomates cerises.
Remuer 2-3 minutes, continuellement mais gentiment, elles ne doivent pas s'écraser lamentablement.
C'est le moment de verser les pâtes cuites, du basilic ciselé, de poivrer et de mélanger intimement, toujours sur feu doux. Ajouter enfin la mozza en petits dés, et dès qu'elle commence à filer, retirer du feu et servir bien chaud, avec du parmesan râpé. La mozza n'empêche pas le parmesan, non mais !

Pas mauvaise, la saveur délicieusement régressive de la mozzarella tiède et vaguement fondue ? Vous voilà mûrs pour les **croquettes de mozza** maison.
Attention : ne pas se lancer dans la recette qui suit

pour plus de 4 personnes, le rapport manipulations diverses/déballage de vaisselle/résultat final n'en vaut pas forcément la chandelle. Mais pour une dînette en duo, c'est grandiose. Pour 2 boules de mozza : battre 2 œufs en omelette dans une assiette creuse. Concasser grossièrement, dans une autre assiette creuse, des **gressins**. Couper le fromage en tranches épaisses, bien poivrer. Rouler chaque tranche, recto verso, d'abord dans l'œuf, puis dans la chapelure obtenue. Ensuite, a) plonger les croquettes 30 secondes dans la friteuse, si on a ; ou b) les poêler à l'huile d'olive, même durée, ce sera sans doute un peu moins présentable, mais super-bon quand même. Déposer, bien sûr, sur un lit de roquette assaisonnée.

Une variante de **mozzarella cuite** ? Celle-ci est à se damner, mais là encore, à réserver aux petits comités. Proportions ? 1/2 boule de mozza par personne. Rouler chaque boule dans un mélange de poivre, d'ail pressé et de feuilles de thym. Puis les emmailloter complètement dans 2 ou 3 très fines tranches de pancetta, de coppa (charcuteries italiennes) ou de poitrine fumée, qu'on fait tenir avec des piques en bois, traversant le fromage de part en part. Dorer ces petits roulés à la poêle, dans de l'huile d'olive, et dès que la pancetta croustille un peu et que la mozza commence à fondre (et tente donc de s'échapper du fragile édifice), déposer chaque petit paquet sur l'assiette de roquette. Et voilà !

Ça change des tomates (on y revient) : la boule de mozzarella servie avec une **betterave** entière cuite et pelée (et du cerfeuil ou du basilic, des échalotes hachées, et l'huile-vinaigre sur la table bien sûr). Chacun devra assaisonner, certes, mais visuellement, ça en jette. Très chou également : les **poireaux vinaigrette**, jeunes et tièdes, servis avec un chapelet de *boconccini*, les petites mozzas miniatures. Trop bon, comme on dit !

Gressins : bâtonnets à la texture mi-biscotte, mi-pâte à pain, qu'on grignote compulsivement en attendant la pizza, dans les restos italiens. Délicieux en version artisanale.

Quid de la feta ?

Éternel challenger de la mozza, c'est, comme elle, un fromage méditerranéen… en voie de mondialisation galopante. Entre la feta danoise très controversée, la *fetta* australienne à deux « t », et la « made in Aveyron », une brebis n'y retrouverait pas ses petits. Bref, le dossier est épineux, et les Grecs pas près d'arriver à stopper la production américaine ou néo-zélandaise. Une chose est sûre : elle est quand même bien meilleure à la coupe, juste sortie de son grand bidon de saumure. Mais à part d'infinies variations sur la salade grecque, ou les calamiteuses recettes proposées sur les packagings industriels, on en fait quoi ?

Essayez-la :
Émiettée à la main, façon crumble, sur des **« jeunes pousses » d'épinards**. Beaucoup plus simple et vitaminé que les *spanakopitas*, feuilletés grecs aux épinards… bourrés de béchamel.

Ou sur des **cogollos (ou sucrines)**, les petits cœurs de laitue venus d'Espagne : coupés en quatre, arrosés d'excellente huile d'olive. Attention, ne pas saler, la feta l'est déjà copieusement.

Dans les grandes **salades de melon mélangé** : cubes de melon vert + cubes de pastèque + cubes de feta + grosses olives noires, des Kalamata si vous en trouvez.

Pour farcir des **bricks**. En panne ? Inspirez-vous du chapitre « ricotta ». La feta étant plus compacte et crayeuse, il faudra l'assouplir de lait ou de yaourt liquide. Et la travailler au robot, de préférence.

En **dips** : idem, sur une base « feta mixée et allongée ». Intégrer des herbes (persil, origan), des oignons frais hachés fin, du mélange « poivres et baies » concassé, de l'ail pressé, des pignons grillés ou des cerneaux de noix hachés, du zeste de citron râpé. Goûtez jusqu'à ce que ça vous plaise. Et tartiner le résultat sur des crackers ou assimilés.

En **fromage-dessert au miel poivré**. Késako ? Un truc qui fait toujours son petit effet : pour 4, verser dans une petite casserole 20 cl de miel liquide plus 10 cl d'eau. Ajouter 2 bonnes c. à s. de romarin frais émietté et 1 c. à s. de poivre ou de baies roses pilées au mortier. Faire réduire de moitié, puis laisser refroidir. Napper de fines lichettes de feta, servies à l'assiette, de ce miel épicé. Proposer à part du raisin, du melon, des figues... (Version simplifiée : se contenter de poivrer le miel, sans romarin et sans le faire chauffer.)

la
tapenade

Ça fait une paire d'années que tout le monde connaît ce « hors-d'œuvrou-provençalou-typicou », y compris au nord de la Loire. Vogue méditerranéenne oblige, on trouve désormais, même dans le plus à la traîne des supermarchés, des bocaux – souvent tout à fait décents – de cette préparation à base d'olives noires... Ce qu'on ignore parfois, quand on n'épluche pas les étiquettes et qu'on ne s'est jamais aventuré à la faire soi-même (enfantin, pourtant, avec un bon robot), c'est que la vraie de vraie, outre des anchois et de l'ail, contient aussi des câpres, en proportion non négligeable :

la moitié du poids des olives, environ (*tapeno*, en provençal, veut dire « câpre ». Comment ça, vous vous en fichez comme de votre première casserole ?). Sauf que, vu le prix des fruits du câprier, et qu'il faut se baisser pour les ramasser (l'arbuste est rampant), les industriels en mettent généralement beaucoup moins : raison de plus pour se la bricoler maison. Bon, et à part ça, revenons à la question du jour : vous en mettez où, vous, de la tapenade ? Sur des rondelles de baguette grillée, pardi ! C'est vrai, on peut très bien se liquider ainsi, sans autre forme de procès, un bocal à l'apéro. Mais ça vaut le coup aussi d'essayer ce qui suit :

Quelques cuillerées à soupe, juste avant de servir, dans la **purée maison**. Une bête purée, même pas à l'huile d'olive, joliment marbrée de noir, qui fera merveille avec un gigot, par exemple. Dans le même registre : une ***polenta gratinada***. Cuire la semoule de maïs selon les instructions du paquet, et une fois qu'elle a absorbé l'eau, incorporer 3 à 4 c. à s. de parmesan râpé et mélanger intimement. L'opération terminée, verser le contenu de la casserole dans un plat, ajouter un peu de tapenade, mélanger, saupoudrer de parmesan râpé, et gratiner 10 minutes au four.

Une pointe aussi, dans la **vinaigrette** de la salade. La salade de tomates, bien sûr, la salade de concombres (ça change du yaourt à la menthe). Mais aussi, tout simplement, la salade verte. Surtout si on la sert avec une viande rouge : onglet grillé ou côte de bœuf.

Avec le **poisson** : un vrai bonheur. Sur les **rougets** grillés, c'est quasiment un must. Ou sur des filets, levés par le poissonnier, enduits de tapenade et poêlés minute. Sur/à l'intérieur de/en condiment avec (selon le mode de cuisson choisi) le **bar** ou la **dorade**, c'est pas mal non plus. Ou encore : enduire de tapenade des pavés de **thon** recto verso, avant de les poêler ou de les griller.

Servir avec une concassée de tomates citronnée, aux oignons crus et à la coriandre. Nettement mieux : allonger quelques cuillerées de tapenade d'un dé à coudre de rhum (si, si), ajouter quelques feuilles de menthe finement ciselées. Étaler la « pommade » ainsi obtenue sur la peau de **pavés de cabillaud**, cuire au four (180 °C) et terminer sous le gril. Garder le reste pour en remettre une légère couche sur le poisson juste au moment de déguster.

Bonne pioche, aussi, avec les **fromages frais**. Suggestion : embaucher les enfants (elles sont propres, les mains ?) pour confectionner des miniboulettes de **chèvre frais** qu'on roulera délicatement dans la tapenade. Poser quelques boulettes sur des assiettes de roquette ou de mesclun assaisonnées. Variante : la même salade, rehaussée d'une vinaigrette à la tapenade, sur laquelle on dispose des *boconccini*, petites boules de mozzarella individuelles. Ça marche aussi : des croûtons grillés, tartinés de tapenade et garnis de petits pélardons, à passer quelques minutes sous le gril du four.

Et sur les **mouillettes** des œufs à la coque, vous avez déjà essayé ? Eh oui, certains jours, il suffit de pas grand-chose pour atteindre au sublime. À tester aussi, ce classique des familles, délicieusement démodé : couper en deux des **œufs durs** écalés. Retirer délicatement les jaunes, les mélanger à la tapenade. Farcir les demi-œufs de cette préparation. On dirait une fiche cuisine des années 70, mais cette « recette » a mille vertus. Par exemple, si vos enfants se montrent odieux depuis le début de la journée, ça devrait réussir à les dérider.

Une bonne tapenade, ça sauve n'importe quel **plat de pâtes**, mais ça, vous y auriez pensé tout seuls, non ? On se contentera donc d'ajouter que c'est exquis avec les spaghettis, mais peut-être encore plus réussi avec des petites pâtes qui accrochent bien la sauce, genre *orecchiette*. Mieux encore si on « customise » son bocal de tapenade, comme indiqué à la fin de ce chapitre. À savoir : dans la gamme Monoprix Gourmet, on trouve une simple « purée d'olives noires » qui se prête parfaitement à l'exercice.

Rayon légumes ?

La tapenade ne se contente pas d'accompagner les ressortissants de la Méditerranée, même si, évidemment, elle est parfaite sur des tranches de **courgettes /aubergines/poivrons grillés** (ou sautés au wok, histoire de faire le grand écart entre la Provence et l'Asie). Essayez-la aussi, relevée de 1 c. à s. de pâte d'anchois, de 1 gousse d'ail pressée, de poivre, et allongée de 3 c. à s. de vinaigre et 3 c. à s. d'huile d'olive, sur des **champignons de Paris** émincés. Elle se marie très bien, itou, avec une **salade de petites pommes de terre** tièdes, des charlottes, par exemple. Ou encore des **haricots verts** cuits, à peine, à la vapeur douce. Un œuf mollet pour leur tenir compagnie et ce sera très raffiné.

Rayon légumes (bis) ?

On confectionne un **dip express** en diluant 3 bonnes c. à s. de tapenade dans un bol de fromage blanc, agrémenté de ciboulette et d'oignons crus hachés. On y trempe des **minifenouils**, des bâtonnets de **céleri**, de **concombre**. Mixée au robot avec une boîte de thon à l'huile, un peu de feta ou de fromage blanc, du citron, de la moutarde, du basilic, du poivre, on a une « thoïonade » qui fait le même usage, ou se tartine sur des crackers.

Ou encore en **fond de tarte**. Il reste une pâte feuilletée au frigo qui s'approche dangereusement de la date de péremption ? Ou une pâte à pizza ? S'il y a aussi quelques autres basiques (tomate, chèvre frais, mozza, etc.), découper le rouleau de pâte en petits ronds, à l'emporte-pièce ou avec un verre retourné, que l'on garnit de tapenade. Ajouter des lichettes de pélardon

ou de rocamadour, ou des lamelles de mozza, des pétales de tomates séchées, de l'anchois, de l'origan et voilà... À vous les **tartes fines** et les *pizzetas*, qui ne dépareraient pas dans une épicerie italienne chic et chère.

En **amuse-gueules maison**, pour une petite fiesta. Parce que certains jours, on se sent d'humeur à sortir le grand jeu. On peut se contenter de tartiner des languettes de pâte feuilletée, avant de les tortiller et de les enfourner, c'est basique mais toujours délicieux. Beaucoup plus rigolo : confectionner, avec un rectangle de pâte feuilletée posé sur du film alimentaire, des **palmiers à la tapenade**. Avec un pinceau, badigeonnez le rectangle de tapenade, puis enroulez les bords, de droite et de gauche simultanément, pour qu'ils se rejoignent au centre. Emballez ce double rouleau dans du film alimentaire, et glissez-le au congélo une trentaine de minutes. Puis découpez-le en fines tranches, pour obtenir des palmiers. Déposez sur une plaque et enfournez à 180°C, environ 20 minutes, en surveillant. Servir tiède, de préférence.

Avec la viande blanche. Le pot de tapenade, plus ou moins relevé de pâte d'anchois, de moutarde, de cognac (un classique pour en rehausser le goût, y compris en Provence) et d'herbes (sauge, romarin, basilic), c'est le joker idéal pour éviter à une viande blanche de s'assécher au four. Pensez-y pour les **râbles de lapin** et les **rôtis de porc**. Le fin du fin : réclamer à votre boucher un morceau de **poitrine de veau** à préparer en roulade (il comprendra de quoi on parle), et le rouler-ficeler après l'avoir généreusement tartiné, intérieur et extérieur, des ingrédients ci-dessus (on peut ajouter des petits dés de pancetta, ou de jambon cru), avant de l'oublier au moins 2 heures à four doux.

Et avec la viande rouge, alors ? C'est moins net, moins évident qu'avec l'anchoïade (voir ce chapitre), mais à notre avis, ça marche très bien aussi avec un **carpaccio** de très bon bœuf, recouvert d'un badigeon de tapenade citronnée, avec basilic et copeaux de parmesan frais. Ou avec un **carré d'agneau**. Le truc en plus ? Le frotter d'un mélange huile d'olive + jus de citron + ail pressé + sel + poivre + thym + romarin bien sûr et le faire cuire à 180 °C pendant 25 minutes. Pendant ce temps, mélanger un bocal de tapenade avec 10 c. à s. rases de chapelure, recouvrir le carré d'agneau de la préparation, et placer le tout 5 minutes sous le gril du four. Laisser reposer sous de la feuille d'aluminium, avant de servir et de déguster sous les vivats de la foule.

Une recette de base (tout de même)

S'il vous prend la fantaisie de la faire vous-même, inspirez-vous de ceci :

Olives noires dénoyautées : 200 g
Filets d'anchois à l'huile essuyés : 50 à 100 g (la moitié d'un petit bocal ou plus)
Câpres : 50 à 100 g
Ail : 1 à 3 gousses, pressées
Huile d'olive (environ 1 verre)
Jus de citron
Poivre

Réduire le tout en purée avec un robot, en versant l'huile au fur et à mesure (touche « pulse » seulement, si on l'aime avec des petits morceaux d'olive). Ou procéder à l'ancienne : avec un pilon, un mortier, on la « monte » comme une mayo, en ajoutant peu à peu de l'huile d'olive en filet, selon la consistance souhaitée. Et du jus de citron, selon l'acidité désirée. Ça se conserve très longtemps dans un bocal fermé, au frais, à condition de veiller à ce que la purée d'olives soit toujours recouverte d'un petit peu d'huile (au besoin, en rajouter).

Des idées pour la customiser

Tout ce qui suit peut vous servir à la personnaliser. Mais pas tout à la fois, SVP : une rasade de cognac, du quatre-épices, du piment en poudre, de la moutarde, une lampée de pastis, un doigt de muscat, du basilic, des pignons, des miettes de thon (si on n'aime pas les anchois), de l'origan, des zestes de citron, un filet d'huile de truffe, etc.

Des variantes pour faire son intéressant(e)

Réaliser la même recette avec des olives vertes. En mettre en peu moins, et remplacer par 50 à 100 g de poudre d'amandes. Zapper les anchois, mais ajouter un peu de piment. Encore plus inattendu : une tapenade d'artichaut. Avec 200 g de cœurs d'artichauts en bocal mixés avec 100 g d'olives noires, avec tous les autres ingrédients usuels, en se réfrénant un peu sur les anchois, toutefois.

MERCI

Merci à tous ceux qui, harcelés par mes soins depuis trois ans, ont bien voulu répondre à la question du titre et me confier leurs recettes et leurs trouvailles : Vincent Brocvielle, Catherine Baduel, Benedict Beaugé, François Reynaert, François Motte, Laurence Guéret, Nicolas Vagnon, Sébastien Demorand, Federica Mariat, Valérie Hénau, Pascal Gosset, Christel Brion, Catherine Levy, Emmanuel Pierre, Catherine Castro, Anne Lalou, Julien Revesz, David Nahmias, Anne Le Sauter. Zut et pardon, j'en ai sûrement oublié plein…

Très grand merci à deux cuisinières géniales et partageuses : thanks a lot Keda (Black), grazie mille Laura (Zavan). Ainsi qu'à Publisher Valérie et Editor Karine. Sans vous les filles, j'y serais encore.

Direction éditoriale et artistique	Valérie Gautier
Conception graphique	Bénédicte Roscot
Suivi éditorial	Karine Louesdon
Responsable de fabrication	Charlotte Debiolles
Photogravure	Arts graphiques du Centre à Tours, France
Impression	Mame à Tours, France
Dépôt légal	octobre 2005-N° 56184